服务与发展理念下的
高校学生管理研究

莫春梅　著

中国原子能出版社

图书在版编目(CIP)数据

服务与发展理念下的高校学生管理研究 / 莫春梅著.
-- 北京 : 中国原子能出版社, 2019.7 (2021.9重印)
ISBN 978-7-5022-9940-8

Ⅰ. ①服… Ⅱ. ①莫… Ⅲ. ①高等学校一学生一学校管理一研究一中国 Ⅳ. ①G645.5

中国版本图书馆 CIP 数据核字(2019)第 168901 号

内容简介

本书以在高校学生管理中践行服务学生与促进学生发展为理念,分析新形势下如何更好地开展高校学生管理,全书内容包括高校学生管理的理论依据和制度变迁、互联网时代的高校学生管理工作、大学生社团的组织与管理、大学生的学习管理与辅导、大学生的人际管理与引导、大学生的挫折管理与辅导、大学生职业能力的发展与引导。全书强调科学管理理念的应用,意在推动现代高校学生管理的发展,具有系统性、全面性等特点。

服务与发展理念下的高校学生管理研究

出版发行 中国原子能出版社(北京市海淀区阜成路 43 号 100048)
责任编辑 张 琳
责任校对 冯莲凤
印 刷 三河市南阳印刷有限公司
经 销 全国新华书店
开 本 787mm×1092mm 1/16
印 张 15.75
字 数 204 千字
版 次 2019 年 7 月第 1 版 2021 年 9 月第 2 次印刷
书 号 ISBN 978-7-5022-9940-8 定 价 76.00 元

网址: http://www.aep.com.cn E-mail:atomep123@126.com
发行电话:010-68452845

前　言

百年大计，教育为本。要实现全面建设小康社会和中华民族伟大复兴的宏伟目标，必须坚持实施科教兴国战略和人才强国战略，把教育摆在现代化建设优先发展的地位。开展高等教育是我国实现人才强化战略的一个重要方式，在新时期，如何从中国高等教育和大学生的实际出发，发挥高等教育提高人才素质、推动国家人才储备增长等作用是我们必须思考和面对的一个重要课题。在高等教育中，除了教育活动的开展外，对学生的管理工作是否科学合理，直接影响高等教育质量。

从我国当前的大学生实际情况来看，随着我国对外开放程度的加深，以及社会经济的快速发展，大学生的思想观念与过去相比已经有了明显的变化。一方面，他们的自主意识不断增强，并在社会成才成功理念的影响下拥有很强的成才意识和创业意识；另一方面，由于应试教育的影响，大学生在高中期间一般都专注学校，对自我能力的提升、自我行为的约束稍显单薄，再加上现在不少大学生都是独生子女，从小备受家长、亲人的呵护，养成了以自我为中心、强调个性的意识，这就使他们进入大学以后，在与人相处、与人交际，以及大学学习与生活中常常出现很多问题，如社会责任感弱、缺乏艰苦奋斗的精神、团结协作的观念较差、心理素质欠佳等，这些问题的出现都给大学生管理工作带来了巨大挑战。在这种情况下，以传统的条规条例约束大学生的行为必然难以取得较好的效果。高校管理人员只有树立服务性的学生管理工作理念，始终坚持管理工作为学生服务的思想，才能切实认识到大学生在高等教育中的主体地位，也才能真正尊重大学生的自我意识和个性，进而在各项管理工作中尊重学生的各项权利，尊重管理对象即学生的尊严、价值观、人格等,也才能真正与学生建立良好的关系,进而取得最佳的管理效果。基于此,作者撰写了《服务与发展理念下的高校学生管理研究》一书。

从结构上看,本书以总—分的形式进行划分,前两章是对新时期大学生管理工作的总体探讨,在这两章中,我们阐述了高校学生管理的内涵、对象、特点、任务、指导思想、基本原则以及高校学生管理的制度与体制。同时,也分析了在当前互联网环境下大学生的特征,以及互联网文化对大学生的影响,在此基础上探讨了互联网时代高校学生管理工作有什么样的机遇和挑战,我国在高校学生管理工作理念上做了哪些探索。这两章的作用在于简要向读者介绍高校学生管理工作的基本理论,以及新形势下高校学生管理工作的变化及其应对策略。从第三章起,本书就进入对高校学生管理的具体工作,即学生社团的管理、学生的学习与辅导、学生人际关系的引导、学生挫折能力的辅导、职业能力的引导,这部分内容属于对高校学生管理工作的细分。在撰写的过程中,本书主要突出了以下特点。

第一,全书紧抓高校学生管理工作的时代境遇,并在时代变化的基础上提出了新时期高校学生管理工作的应对策略,即以服务与发展的理念贯穿于学生管理工作中,最终实现培育高素质人才的教育目标,这是本书的主题思想,也是本书撰写的初衷。

第二,本书在撰写的过程中,注重理论联系实际,不管是在先探讨高校学生管理的基本理论,后细分高校学生管理的具体工作;还是在对具体管理工作的阐述中,本书都是先进行理论分析,再结合理论分析展开实践应用探索,因此本书具有很强的应用性。

在本书的撰写过程中,作者不仅参阅、引用了很多国内外相关文献资料,而且得到了同事亲朋的鼎力相助,在此一并表示衷心的感谢。由于作者水平有限,书中疏漏之处在所难免,恳请同行专家以及广大读者批评指正。

作　者

2019 年 5 月

目　　录

第一章　高校学生管理的理论依据和制度变迁

在高校管理系统中，学生管理是极其重要的一个组成部分。在当前，探讨高校学生管理活动的本质与内在规律，促进高校学生管理工作的科学化与人性化，最终为中国特色的社会主义现代化事业培养出合格的建设者和接班人，是高校学生管理面临的一个重要课题。而要促进这一课题的实现，首先要明确高校学生管理的理论依据及其制度变迁等。在本章中，将对这些内容进行详细论述。

第一节　概念认知：高校学生管理的内涵

近年来，我国的高等教育事业实现了跨越式发展，造就了大量社会主义现代化事业所需要的专门人才。但是，由于高校连年扩招、学生数量增长迅速等，高校学生管理也面临着不少新的情况，急需高校学生管理者总结经验、探索更为恰当的学生管理模式。

一、高校学生管理的含义

高校学生管理是高等教育学和管理学交叉结合产生的一门综合性应用学科，目的是有效地实现大学生的培养目标。具体来看，高校学生管理就是“高等学校领导和管理人员，为了实现高等学校学生的培养目标，按照国家的教育方针和各项政策法令，科学地、有计划地组织、指挥、协调学校内部的各种因素——人、财、物、时间、信息等，并对其进行预测、计划、实施、反馈、监督等的一门管理科学”[①]。

二、高校学生管理的重要性

高校在开展管理活动的过程中，积极开展学生管理有着十分重要的意义，具体表现在以下几个方面。

（一）高校学生管理能够增强大学生的能力

高校是对人才进行培养的一个重要场所，这就决定了高校的各项工作都必须围绕着人才培养来展开。因此，在开展高校学生管理工作时，要确保其具有培养、增强大学生能力的积极作用。比如，在开展高校学生管理工作时，可以通过引导大学生参与社会实践活动来促进其社会实践和社会活动能力的提升。

（二）高校学生管理能够推动高等教育改革的深入

自改革开放以来，我国高等教育事业获得了巨大发展，培养出无数优秀的合格人才。但是，由于受到多方面原因的影响，高等教育与社会主义事业的发展仍在一定程度上存在着脱节现象。这就决定了在高等教育的发展过程中，必须立足我国社会主义建设的发展现实，积极对高等教育的思想、内容、方法以及学生管理工作等进行改革。事实上，有效的高校学生管理及其改革，能够在很大程度上促进高等教育改革的深化。

（三）高校学生管理能够促进合格人才的培养

高校是人才培养的基地，由于高校学生管理是高校管理的一

① 王瑛.高校学生管理创新模式研究[M].长春：吉林大学出版社，2016:1.

个重要方面，因而其必须要为培养合格的社会主义现代化建设人才服务。具体来看，高校学生管理与一般的管理相比，是一种带有明显的教育性质的服务，即开展高校学生管理不仅要促进高校的有效运行，还要尽可能达到教育的目的，使大学生成长为合格的“产品”，即合格的社会主义现代化建设人才。

总之，高校学生管理是一种“管理育人”的管理，需要与高校的教学工作、思想政治工作和心理健康教育等一系列工作有机结合起来，以管理促进教育、以教育推动管理，从而真正促进大学生的成长与成才。

（四）高校学生管理能够维护国家的安定与团结

我国的社会主义现代化建设事业要想顺利开展，一个重要的前提是具有安定团结的政治局面。但在当前，我国的社会政治生活中依然存在着一些不安定的因素，如我国的社会主义制度还不够完善、教育体制改革还面临不少冲突、西方资产阶级反动势力企图对我国进行“和平演变”等。因此，我国在当前很有必要采取有效的措施来维护国家的安定与团结。

由于高校学生是一个特殊的社会群体，他们既有着青年的特质，如朝气蓬勃、充满激情、追求真理、关心时事；也有着青年固有的不足，如容易冲动、互动性强、易走极端、时有盲从、阅历较浅、情绪不如成年人稳定等；他们是法律上的成人，但在心理上却是准成人；他们与其他同龄人相比，掌握着更多的知识，但较之真正的知识分子，其所掌握的知识又存在结构上的缺陷和知识量上的不足；他们的参与意识、自我意识急剧增长，思想上的可塑性也大大提高，但其很容易出现偏激的情绪，也很容易与他人发生矛盾冲突，还很容易被不良的思想所影响。因此，高校必须严格学生管理，制定并实施一定的政策、法规和行为规范，对学生的行为进行一定的约束，为他们的教育和成长创造一个良好的环境，引导学生形成稳定的情绪，从而保持学校的稳定，维护和发展稳定的社会局面。

三、高校学生管理的内容

高校学生管理是高校对大学生入学到毕业在校阶段的管理，涉及的内容有很多，其中较为主要的有以下几个。

（一）高校学生的德育管理

高校在开展学生管理工作时，德育管理是一项十分重要的内容。所谓高校学生的德育管理，就是高校根据大学生的身心发展特点和品德形成规律，有目的、有计划、有组织地对大学生在心理上施加系统的影响，把一定的思想和道德转化为大学生个体的思想品德的过程。也就是说，高校在开展学生管理工作时，要注意与德育相结合。

（二）高校学生的学习管理

高校学生的学习管理，就是高校按照一定的专业教育标准，有目的、有计划地对大学生进行专业教育，使其最终成长为具有丰富、系统的专业知识与技能的合格人才。具体来说，高校学生的学习管理需要包括以下几方面的内容。

第一，大学生学习知识的管理。

第二，大学生技能培养的管理。

第三，大学生智力开发的管理。

（三）高校学生的学籍管理

高校学生的学籍管理，就是高校对取得学习资格的学生，从入学注册，成绩考核与记载，升、留（降）级，转系（专业）与转学，休学、复学、退学，奖励与处分，毕业与毕业资格审查等方面，按照党的教育方针，教育自身规律以及大学生身心发展特点，制定出规章制度，进而实施的管理。具体来说，高校学生的学籍管理需要做好以下几方面的工作。

第一，做好大学新生的入学审查。

第二，做好大学生在学习过程中的成绩管理。这对于了解和掌握教师的教学质量和学生学习情况，从而发现问题并据此采取措施改进教学，激发大学生学习的积极性具有重要的作用。

第三，做好大学生的毕业资格审查。

（四）高校学生的生活管理

在高校学生管理工作中，大学生生活方面的管理是一项十分重要的内容。其不仅会影响到大学生的身心能否得到健康发展，而且会影响大学生能否建立正常的学习、生活和工作秩序，还会影响到高校的人才培养目标能否得到有效实现。因此，高校必须要对大学生的生活管理予以足够的重视。

高校学生的生活管理，从内容方面来说应包括对大学生在校期间的一切生活活动的管理，如饮食管理、起居管理、着装管理、健康管理等。

（五）高校学生的行为管理

高校学生的行为管理，也是高校学生管理的一项重要内容。所谓高校学生的行为管理，就是高校要对大学生的日常行为进行指导、监督、检查及纠正，以引导大学生切实形成良好的行为。

这里需要特别指出的一点是，在对高校学生的行为进行管理时，要特别注重引导大学生形成健康的道德行为，这对于保证其身心的健康发展具有重要的作用。

（六）高校学生的体育管理

大学生要想成才，为我国的社会主义现代化建设做出贡献，首先要具有健康的身体。因此，在高校学生管理工作中，大学生的体育管理也是一项不可忽视的内容。

所谓高校学生的体育管理，就是高校组织、指导大学生按照一定的体育锻炼标准，有目的、有计划、有组织地对大学生进行体育教育和锻炼,从而造就大学生健康的体魄,以应对在校紧张的学习和日后工作需要的过程。此外,高校学生的体育管理要想取得良好的成效,应特别注意以下几个方面。

第一,高校学生的体育管理必须与大学生的身心特点相符合。

第二,高校学生的体育管理必须与教育规律相符合。

第三,高校学生的体育管理必须与学校体育管理原则相符合。

第四,高校学生的体育管理要尽可能以最少的投入来获得最佳的体育效益。

(七)高校学生的课外活动管理

高校学生的课外活动管理涉及两个方面:一方面是高校学生在校内的课外活动管理;另一方面是高校学生在校外的活动管理。在具体开展这一管理活动时,以下几方面要特别予以注意。

第一,要确保课外活动有正确的方向,以便真正丰富大学生的精神生活,陶冶大学生的高尚情操。

第二,要确保课外活动能够提高大学生的思想政治觉悟,为形成大学生的科学世界观和共产主义道德品质奠定基础。

第三,要确保课外活动能够使大学生获得较多的人际交往能力,以有效培养大学生的人际交往能力和适应社会的能力。

第四,要确保课外活动能够有效培养和发展大学生的兴趣、爱好,发挥大学生的特长。

(八)高校学生的卫生管理

高校学生的卫生管理也是高校学生管理的一项重要内容,具体涉及以下几个方面。

第一,大学生的作息制度卫生管理。

第二,大学生的教学卫生管理。

第三,大学生的课外活动卫生管理。

第四,大学生的体育锻炼卫生管理。

第五,大学生的校园环境卫生管理。

第六,大学生的教学设备卫生管理。

第七,大学生的膳食卫生管理。

第八,大学生的供水卫生管理。

第九,大学生的住宿卫生管理。

第十,大学生的心理卫生管理。

四、高校学生管理的方法

高校学生管理的方法就是高校为实现学生培养目标而在德、智、体及其他方面所采取的具体方式、步骤、途径和手段,较为重要且常用的有以下几个。

(一)调查研究

高校学生管理的调查研究方法,就是在开展高校学生管理时,要经常性地、全面地、客观地对学生的实际情况进行调查、了解与分析,以便以此为依据及时采取相应的措施来促使高校学生管理工作取得实效。

高校学生管理在运用调查研究这种方法时,要确保取得良好的成效,必须做好以下几方面的工作。

第一,在对大学生进行调查研究时,要对调查对象、调查目的、调查方法等进行科学合理的规划,切不可临时应付,草率从事。

第二,在对大学生进行调查研究时,应坚持实事求是,切不可被囿于条条框框或是别人的指示、意见等。

第三,在对大学生进行调查研究时,要切实从马克思主义的立场、观点、方法出发,对调查材料、调查事物进行合理的分析与研究。

(二)建立规章制度

高校在开展学生管理工作时,建立科学有效的规章制度也是一个十分有效的方法。而高校在建立规章制度时,以下几个方面要特别予以注意。

第一,高校所建立的规章制度应与教育规律和德、智、体培养目标的要求相符合。

第二,高校所建立的规章制度应与大学生的身心发展特点以及发展现实相符合。

第三,高校所建立的规章制度应能够随着高等教育发展的深入以及自身发展的实际而不断得到丰富与完善。

(三)实施行政权限

高校学生管理的实施行政权限方法,就是高校按照大学生管理的目标、内容制定一系列规章制度、执行措施和大学生行为规范,用行政方法进行管理,并通过相应的管理部门及其人员和师生员工实施检查监督,从而使学生集体或个人的活动达到管理的目标要求。具体来看,高校学生管理在运用实施行政权限这种方法时,可以借助于以下两个有效的形式。

1. 表扬

高校在开展学生管理工作时,对于那些遵守管理制度、行为符合规范的集体和学生,应适时、适度地进行表扬。

2. 惩罚

高校在开展学生管理工作时,对于那些违反管理制度、行为不符合规范的集体和个人,应注意进行一定的惩罚,以便其能够认识到自己行为的不足,继而改正自己的不良行为。

(四)运用经济手段

高校在开展学生管理工作时,适当地运用经济手段也能够促使工作取得良好的成效。比如,在高校学生管理活动中,对学生给予必要的物质奖励或惩罚就是经济手段。通常来说,高校学生管理在运用经济手段时,需要与行政方法进行有效的配合。这是因为,高校在开展学生管理时,如果只重视用经济手段而忽视日常的教育和引导、忽视行政管理的作用,很容易导致经济手段无法发挥出最大的效用,继而影响高校学生管理无法达到预期的目标。

五、高校学生管理过程中要处理好的关系

在开展高校学生管理工作的过程中,要确保该项工作取得良好的成效,需要处理好以下两方面的关系。

(一)学生管理与规章制度的关系

高校学生管理的有效实施与实现,离不开合理的规章制度的支持。在当前,我国教育部以党和政府的教育方针、青年大学生成长的特点以及长期以来的工作经验为基础,制定并颁布了《普通高等学校学生管理规定》,切实明确了如何科学地管理大学生。与此同时,各高校也以自身的实际发展情况为依据,制定了适合自身的规章制度,以对本校的大学生进行科学的管理。

此外,在高校学生管理实践中对各种规章制度进行运用,可以发现规章制度中的不合理、不完善之处,从而促使与高校学生管理相关的规章制度不断丰富和完善。

(二)学生管理与思想政治教育的关系

在开展高校学生管理时,如果只强调严格管理而忽视思想政治教育,或只强调思想政治教育而置照章管理于不顾,只能导致高校学生管理以及思想政治教育都无法达到预期的成效。因此,在开展高校学生管理工作时,必须积极与思想政治教育相结合,

以促使高校的学生管理工作真正走上井然有序的轨道,继而在高校管理以及学生培养方面发挥更大的作用。

第二节　工作分析:高校学生管理的对象、特点与任务

高校学生管理是高校管理的一个重要分支,也是高校学生管理理论与实践的高度综合与概括。高校在开展学生管理工作时,要想取得良好的成效,需要切实明确学生管理的对象、特点与任务。

一、高校学生管理的对象

高校学生管理的对象,也就是高校学生管理活动的承受者,即高校学生,包括专科生、本科生、硕士生、博士生等。在具体开展高校学生管理工作时,需要对高校学生的身心特征、兴趣爱好、知识与能力结构等进行客观、全面、深入的分析与把握,以便工作更有针对性,继而取得良好的成效。

二、高校学生管理的特点

高校学生管理的特点,具体来说有以下几个。

(一)方向性

高校学生管理的方向性特点指的是在开展高校学生管理工作时,必须要紧紧围绕着为全面建设小康社会,为中国特色社会主义培养合格人才这一中心目标来展开。为此,高校学生管理的工作者必须具备应有的政治素质,不断提高自身的政治敏锐性,时刻关注政治局势,把握大局,保持与党中央的高度一致。

（二）科学性

高校学生管理的科学性特点指的是高校学生管理是一项集大学生的德、智、体及日常生活管理于一体的系统管理活动，而且这一活动要想取得成效，必须要与我国的法律法规、高校的实际以及大学生的身心发展特点相符合。

（三）特殊性

大学生是一个特殊的群体，这就决定了高校学生管理具有特殊性特点。高校学生管理的特殊性，主要是通过以下几个方面表现出来的。

第一，高校学生管理的对象是大学生（社会角色而言），他们本身就是一个特殊的社会群体，是一群掌握着一定基础知识和专业知识的潜在人才群体。

第二，高校学生管理的对象是青年（生理心理角色而言），他们处于血气方刚、激情澎湃、感情冲动、充满朝气的人生阶段。

第三，高校学生管理的对象是正在接受知识教育和思想道德教育的青年群体，他们是一个处于想独立而在经济上又不能独立的半独立状态的青年群体。

第四，高校学生管理的对象是青年群体，但这一群体与军事编制中的军人青年群体是不同的，他们的首要任务是学习，而非战斗。

高校学生管理的特殊性，决定了高校学生管理必须涉及青年学、生理学、心理学、教育学、人才学和管理学等诸方面的知识体系。

（四）可操作性

高校学生管理作为一种管理制度，尽管有理论指导，但又与理论有所不同，其最大的特点是它必须具有可操作性才能真正达到管理的目的。因此，可操作性也是高校学生管理的一个重要特点。

三、高校学生管理的任务

高校学生管理的任务，具体来说有以下几个。

（一）为大学生的全面发展服务

高校学生管理的一项重要任务，就是有效贯彻和落实国家的教育方针和学校的培养目标，认真贯彻落实新的《普通高等学校学生管理规定》，努力提高学生的整体素质，不断提高学生的自我管理和自我教育的能力，促进学生最终成长为德、智、体、美全面发展的高素质人才。

（二）系统总结我国高校学生管理工作的经验与教训

对我国高校学生管理工作的经验与教训进行系统总结，也是高校学生管理的一项重要任务。高校学生管理是一种既古老又年轻的社会工作，说它古老是因为它有着悠久的历史传统，说它年轻是因为它有着崭新的时代内容。自 20 世纪初期，我国就开始探索高校学生管理的经验，而且每一个时期都有不同的学生管理工作理论基点和实践探索。这些对于当前更好地开展高校学生管理工作都有重要的借鉴意义，因而必须要重视总结我国高校学生管理工作的经验与教训，促使其发挥出新的活力。

（三）构建有中国特色、符合时代精神的高校学生管理模式

对于高校学生管理来说，一项重要的任务便是在总结以往的高校学生管理经验与教训、借鉴国外先进的高校学生管理经验的基础上，积极融合教育学、社会学、政治学、青年心理学、系统管理学、文化学等相关学科的知识理论，构建有中国特色、符合时代精神的高校学生管理模式，以便在提高高校学生管理质量的同时，促进我国高等教育的进一步发展，即能够根据时代的发展要求培养出更多、更优秀的高素质合格人才，为我国的社会主义现代化

建设事业添砖加瓦。

（四）不断完善高校学生管理的体系

就当前来说，我国高校学生管理已经取得了十分丰富和宝贵的经验，但就总体情况而言，它与不断发展的中同特色社会主义的形势和发展趋势还存在着某些不适应，还面临着许多亟待解决的问题，无论是从理论要求上，还是从实践需求上，都需要科学化、理论化、法制化、人性化等诸方面的规范。这就要求高校学生管理工作者必须加强学生管理工作的科学研究，大胆探索，不断创新，切实把握学生管理面临的新问题、新内容和新特点，努力用新方法、新思路和新手段去适应学生管理的新规律和新形势，使高校学生管理的理论与方式与时俱进，高校学生管理的体系不断得到丰富和完善。

第三节　思想引导：高校学生管理的指导思想和基本原则

科学的管理对提高管理效率、优化管理质量有着十分重要的意义。因此，在开展高校学生管理工作时，必须要以科学的思想为指导，并切实遵循高校学生管理的基本原则，以确保高校学生管理能够取得良好的成效。

一、高校学生管理的指导思想

就我国高校来说，在当前开展学生管理工作时，必须以以下几个思想为指导。

（一）马克思主义理论

高校在开展学生管理工作时，要以马克思主义的相关理论为指导，去观察、分析和研究学生存在的问题，探讨学生管理的基本理论和规律。具体来说，高校学生管理中坚持以马克思主义理论为指导，可具体从以下两方面着手。

1.运用马克思主义关于人的全面发展的理论来指导高校学生管理

我国的性质以及发展现实决定了高校所培养的人才必须是具有健康的体魄、扎实的科学文化知识、高度的社会主义觉悟的人才。也即是说，高校所培养的人才必须要有理想、有道德、有文化、有纪律。而要培养这样的人才，就需要高校在开展学生管理工作时，切实以马克思主义关于人的全面发展的教育思想为指导。

关于人的全面发展的学说，是马克思主义教育思想的核心。而培养德、智、体全面发展的建设者和接班人的教育方针，是马克思主义这一理论精髓的具体运用，对于当代高校学生管理工作的顺利开展都有重要的指导意义。

具体来说，运用马克思主义关于人的全面发展的理论来指导高校学生管理，就是在开展高校学生管理工作时，要将培养有理想、有道德、有文化、有纪律的全面发展的高级专门人才作为最为重要的一个目的。

2.运用马克思主义关于辩证唯物主义的理论来指导高校学生管理

马克思主义关于辩证唯物主义的哲学，是一切社会科学和自然科学的理论基础。因此，高校学生管理也必须对马克思主义关于辩证唯物主义的哲学进行有效的运用。

具体来说，在高校学生管理中运用马克思主义关于辩证唯物主义的哲学，就是要用对立统一观点来指导高校学生管理，并在高校学生管理中坚持整体观。高校在开展学生管理的过程中，可从以下两方面着手来促进马克思主义关于辩证唯物主义的哲学得到有效的运用。

第一，在开展高校学生管理工作的过程中，要切实明确不同管理部门、不同管理者所拥有的权利和所承担的责任，并要采取有效的措施确保它们能够团结合作，切实实现培养全面发展的人才这一共同的管理目标。

第二，在开展高校学生管理工作的过程中，要切实明确管理的具体内容，并确保所有的内容都具有内部一致性，即能够切实促进学生的健康成长。

（二）国家的方针政策

国家的方针政策是高校学生管理的行动准则，因此高校在开展学生管理工作时，要切实以国家的方针政策为指导。

在我国，高等教育事业是国家总体事业的一个重要组成部分，这就决定了高等教育事业必须要与一定时期社会的政治、经济发展相适应。由于高校学生管理是影响高等教育事业发展的一个重要环节，因而在开展这项工作时必须以党和国家在一定时期的方针政策为依据。否则，高校学生管理无法取得良好的成效，高等教育事业的发展也会受到制约。

自中华人民共和国成立起来，党和国家为推动高校学生管理工作的顺利开展，制定了许多方针政策。对于这些方针政策，高校学生管理工作者必须要认真研究，并在工作中科学地反映这些政策，保证方针政策得到切实的贯彻执行。此外，高校学生管理工作者必须认真地将方针政策在贯彻执行中所遇到的困难和问题，主动地向上级反映和汇报，以便方针政策能够得到不断丰富与完善。

（三）高等教育和人才成长规律

高校是国家高级专门人才的培养基地，它的特定任务就是发挥其教育的职能，培养并输送又红又专的人才，促进和推动国家建设和社会发展。由于高等教育和人才成长都各有其特殊的客观规律，只有掌握并切实遵循这些规律，高校的人才培养目标才能实现。由于高校学生管理是高等教育管理的一个重要组成部分，因而高校学生管理的有效开展，必须要以掌握高等教育和人才成长规律为前提。

1.高等教育规律与高校学生管理

(1)高等教育规律的构成

高等教育规律总体上来说可以分为两类，即外部基本规律和内部基本规律。

外部基本规律揭示了高等教育与社会政治、经济的外部关系，主要反映高等教育在国家建设和社会发展中的地位和作用、高等教育投资的经济和社会效益、高等教育的主要社会职能等方面。

内部基本规律揭示了高等教育的内部关系，主要反映在培养目标、不同专门人才的培养规格、途径与方法等方面。

(2)高校学生管理必须遵循高等教育规律

高校学生管理只有切实遵循高等教育规律，才能确保学生管理取得良好的成效，具体可从以下两方面着手。

第一，高校在开展学生管理工作时，必须根据我国高等教育发展的状况，充分认识高级专门人才培养对四化建设所起的积极作用，加深对“教育必须为社会主义建设服务，社会主义建设必须依靠教育”方针的理解，增强责任心和使命感，以便所培养的学生更加适应社会的需要。

第二，高校在开展学生管理工作时，必须要进一步明确社会主义高校的培养目标和人才规格，端正办学指导思想，摆正德、智、体三者之间的关系，积极探索更为有效的管理途径与方法，使高校学生管理更为科学化、规范化。

2.人才成长规律与高校学生管理

(1)人才成长规律的内容

高校是对人才进行培养的一个重要场所，而人才成长有其特定的规律。人才成长受到主客观多种因素的影响,需要有良好的环境、先进的教育、健康的身心和积极进取的精神。人才成长规律所揭示的,就是这些因素之间的联系以及对人才成长过程所起的作用。

(2)高校学生管理必须遵循人才成长规律

高校学生管理只有切实遵循人才成长规律,才能确保学生管理取得良好的成效,具体可从以下两方面着手。

第一,高校在开展学生管理工作时,必须要根据高校学生生理、心理发展的需要,综合考虑群体的一般性和个体的特殊性,有针对性地因材施教,使他们都能充分地发挥出自己的聪明才智。要尽力创造良好的学习条件,努力优化育人环境,满足他们成才的愿望。

第二,高校在开展学生管理工作时,必须积极探索先进的思想教育、专业教育的途径与方法,培养学生具有远大的抱负、优良的品质、坚强的意志、高度发展的智力水平,使他们具备成才的必要条件。

(四)现代管理科学理论

高校在开展学生管理的过程中,坚持以现代管理科学理论为指导,也能确保管理工作顺利实现预期的目标。运用现代管理科学指导高校学生管理,主要是运用它的基本原理,如系统整体性原理、要素有用性原理、动态相关性原理、人的能动性原理、规律效应性原理、时空变化性原理、信息传递性原理、控制反馈性原理等。此外,高校在开展学生管理工作时,运用现代管理科学的理论与方法,可以使学生管理队伍的组织机构严密,管理制度科学,人员分工合理,职责范围明确,奖惩分明,动作协调,工作高效等。

(五)已有的高校学生管理经验

在开展高校学生管理时,以已有的高校学生管理经验为指导,也能推动高校学生管理工作的顺利开展并获得良好的成果。

自中华人民共和国成立以来,高校学生管理工作积累了很多的成功经验,这是当今高校学生管理工作的宝贵财富,也是当今高校学生管理必须要予以坚持的。具体来说,高校学生管理中必须坚持的已有经验有以下几个。

第一,高校学生管理必须要坚持中国共产党的领导,坚持社会主义的方向。其中,坚持党的领导就是用党的路线、方针、政策作为社会主义大学管理的基本指导思想,就是要确保社会主义大学的社会主义方向,调动全校师生员工的积极性。为培养德、智、体全面发展的高级专门人才努力奋斗。坚持社会主义方向,是由我国高校的社会主义性质所决定的,一切管理工作都要根据党的路线、方针、政策去组织、实施。

第二,高校学生管理必须要积极实现规范化和制度化,即必须要把符合社会主义方向的,又经过实践检验比较成熟的民主管理和科学管理体制、程序、办法用制度形式固定下来,使高校学生管理工作形成规范,其中心点是责、权、利相结合。

第三,高校学生管理应坚持理论联系实际,即高校学生管理必须面向社会实践,实行教育与生产劳动相结合。我国高校所培养的人才,必须适应社会主义市场经济的需要,在思想上有高度的社会主义觉悟和共产主义献身精神,在业务上不仅要有理论知识,而且要有较强的分析问题和解决问题的能力,要有实干精神和较强的独立工作能力。

二、高校学生管理的基本原则

为了有效地进行高校学生管理,必须遵循正确的管理原则。所谓高校学生管理的基本原则,就是高校在对学生实行全面管理和全程管理中,观察、认识和处理各种问题和矛盾所必须遵守的基本准则。它是对高校各级、各方面管理人员实行科学管理所提出的最基本的要求。具体来看,高校学生管理的基本原则有以下几个。

（一）政治性原则

政治性原则是高校学生管理工作必须遵循的一条最基本、最重要的原则，这是由高校的社会主义性质及其培养任务所决定的。

这里所说的政治性原则，即高校学生管理必须坚持社会主义道路，坚持人民民主专政，坚持党的领导，坚持以马列主义、毛泽东思想、邓小平理论、“三个代表”、科学发展观和习近平中国特色社会主义思想为指导等。

政治性原则还要求高校在开展学生管理工作时，必须注重培养学生具有坚定正确的政治方向，自觉抵制资产阶级自由化思潮的影响。自改革开放以来，一些西方资产阶级的思潮、观点乘隙而入，对一些具有较高文化层次、政治上又不成熟的高校学生产生了很大影响。在此基础上，西方资产阶级加紧实施“和平演变”战略，加上国内鼓吹资产阶级自由化思想的头面人物的蛊惑煽动，使一些青年大学生对我国走社会主义道路、坚持共产党的领导产生了怀疑，甚至走向极端，严重危害了国家的安全与稳定。因此，高校必须在开展学生管理工作时坚持政治性原则，确保培养出来的人才具有坚定正确的政治方向，能够自觉抵制资产阶级自由化思想的影响。

（二）理论与实际相结合原则

高校学生管理的理论与实际相结合原则，要求高校学生管理工作人员在开展学生管理工作时，必须做好以下几方面的工作。

第一，高校学生管理工作人员必须不断总结、丰富与完善高校学生管理的基本理论，包括高校学生管理的目的、高校学生管理的内容、高校学生管理的方法等。

第二，高校学生管理工作人员在开展具体的学生管理工作时，必须以一定的理论为指导，并注意在实践中检验这些理论的正确性与完整性等。

第三，高校学生管理工作人员在开展具体的学生管理工作时，所制定的管理措施与方法等必须要与高校的发展实际、大学生的身心发展现状等相符合。

（三）民主性原则

高校在开展学生管理工作的过程中，遵循民主性原则有着十分重要的意义，具体表现在以下几个方面。

第一，高校学生管理的一个重要目的就是要培养学生自我控制、自我管理的能力，激励学生在管理中的主动意识和主人翁态度，充分调动学生自我管理的内在积极性。高校只有在开展学生管理工作时切实遵循民主性原则，才能促进这一目的的实现。

第二，高校在开展学生管理工作时，只有充分尊重各级管理人员以及广大师生的民主权利，认真听取他们的意见和建议，主动接受他们的监督检查，发挥他们的积极性、主动性和创造性，集中他们的智慧，才能切实搞好学生管理工作。

第三，高校在开展学生管理工作时遵循民主性原则，有助于克服工作中的官僚主义、主观主义，可使高校学生管理者的决策得以完善，使高校的学生管理工作少走弯路。

此外，高校在开展学生管理工作的过程中要切实贯彻民主性原则，需要做好以下几方面的工作。

第一，高校在开展学生管理的过程中，要重视建立一系列民主管理的制度（如设立校长信箱、定期或不定期地召开座谈会等），进一步拓宽民主渠道。

第二，高校在开展学生管理的过程中，要正确处理民主与集中的关系，即高校学生管理工作中既要反对缺少民主的“一言堂”“家长制”，防止命令主义、官僚主义，又要反对离开集中指导的无政府主义和极端民主化的资产阶级自由化倾向，要将领导集中指挥与群众积极参与管理有机地统一起来，形成一股巨大的合力，保证学生管理各项工作的顺利开展。

第三，高校在开展学生管理的过程中，要进一步健全教职工代表大会、工会、共青团、学生会等群众组织，保证他们参加学校的管理活动，让他们代表各自所辖的群体，在决定学校重大问题、监督各级管理机构方面发挥积极作用。

第四，高校在开展学生管理的过程中，要尽可能增加学生管理工作的透明度，充分调动高校学生自我管理的内在动力，培养学生自我教育、自我管理、自我服务的能力，发挥学生在管理中的积极作用。

（四）系统性原则

高校学生管理是一个相对独立的复杂的有机整体，因此在开展高校学生管理工作的过程中必须要遵循系统性原则，即在开展高校学生管理工作的过程中，要运用系统论的理论与方法，认真分析和研究学生管理系统的内部联系和内部结构、学生管理系统与学校其他系统的联系与协作，重视整体性和综合性，强调整体效应，以达到整体优化的目的。

高校在开展学生管理工作的过程中要切实贯彻系统性原则，需要做好以下几方面的工作。

第一，高校在开展学生管理的过程中，必须有一个系统的运筹规划，在机构、人员、任务分配等方面作出合理的总体设计。

第二，高校在开展学生管理的过程中，必须有全局观点，有整体优化的观点，决不能只顾及某个局部而忽视了整体效能。

第三，高校在开展学生管理的过程中，必须有明确的分工，并确保各个管理部门和管理人员能够互相合作，共同促进高校学生管理工作的顺利开展。

第四，高校在开展学生管理的过程中，必须与高校的教学管理系统、教学科研系统、人事保卫系统等其他的管理系统进行密切配合，继而促进整个高校管理工作的顺利进行。

第四节 制度变迁:高校学生管理制度及管理体制

制度作为协调和维护人们的权责关系和统一遵守的行为规范,同其他方面相比,更具有根本性、全局性、稳定性和长期性。抓制度是特殊形式的教育,抓教育本身也是一种制度。在大学生成长过程中,由于人性的缺陷和反弹性,仅通过道德说教予以规训和改造是不够的,还必须通过规章制度等刚性力量予以遏制和克服,从而弥补高校德育的不足,提升大学生德育绩效。高校学生管理制度是由高等学校作为主体,依据国家有关法律法规和部门规章以及经过教育行政机关审核的本校章程制定的,调整有关本校学生的教育教学活动和生活秩序,确定学生管理的规则和办事程序,在本校具有普遍约束力的制度。高校学生管理制度作为调解学校与学生教育关系的规范体系,是高校管理制度的重要组成部分,也是构建现代大学制度的核心内容之一。高等学校学生管理体制是高等学校内部管理的一个重要组成部分。它以学生工作的目标、内容、方法为因素,对学生进行教育、管理、服务等,是对高校学生进行思想教育和行政管理,培养社会主义接班人的组织保证。

一、建立高校学生管理制度

(一)我国高校学生管理制度变迁

我国高校学生管理制度变迁主要经历以下几个阶段。

1. 探索期:改革开放前的高校学生管理制度

改革开放前,高校学生管理制度属于构建的“探索期”。总体上，这一时期的高等教育办学体制与计划经济相适应，这种教育与国家建设高度一体化的教育体制将高等教育人才培养统合于计划经济体制之中，高等教育学生管理工作受政治因素影响较大，高校人才培养呈现出典型的组织人特性。一方面，学生学习的物质条件得到了国家无偿保障；另一方面，学生也失去了学习选择和自主就业的自由。可以说，改革开放前的高校学生管理制度伴随高等教育社会主义办学方向不断探索的道路前进，教育的上层建筑观一直影响着高校学生管理工作的开展。因此，这一时期的高等学校学生管理工作整体处于摸索实践的过程之中，高校学生管理工作并没有形成体系化的制度。

2.形成期：改革开放后至20世纪末的高校学生管理制度

改革开放促使我国社会主义建设和发展取得了辉煌的成就，也是我国教育系统大发展的时期，是高校学生管理大变革的时期。这个时期是高等教育的复兴时期，教育部门逐渐纠正了片面强调政治挂帅的一系列错误做法，高校学生管理通过制度建设，宣传坚持德育为主，强调以人为本的理念，从学生的生活实际出发，全面深化改革，为我国高校学生管理工作开创了新的局面，中国特色社会主义性质的高校学生管理制度初步形成。

这一时期可以分为三个阶段。改革开放后至1985年为第一阶段，高等教育发展的主要目标是加速高教发展，进行高教结构改革。1983年4月28日颁布了《关于加速发展高等教育的报告》，在强调扩大规模的同时，国家还相继颁发了一些有关改善高等教育结构及广开学路的重要文件。1985年后至20世纪90年代初为第二阶段，主要目标是稳定办学规模和层次，以教育体制改革为核心，全面深化高教管理体制改革。通过颁布一系列的方针政策促进高等教育的发展，如《中共中央关于教育体制改革的决定》《高等教育管理职责暂行规定》《关于部分高等学校充实、整顿工作的意见》。20世纪90年代可以列为第三阶段，国家教委召开了第四次高等教育会议，提出了高等教育改革的基本设想。

1993年,中共中央、国务院发布了《中国教育改革和发展纲要》。从此,中国高等教育的发展脱离了“条、块”自成体系的高教管理体制,遵循适应社会主义市场经济体制的要求,高校学生管理开始了新的一轮改革。

在高校学生管理制度形成期,相关制度主要涉及以下几个方面。

(1)学籍管理学位条例。1978年12月,教育部发布关于试行《高等学校学生学籍管理的暂行规定》的通知。该暂行规定对学生学籍管理的各个方面进行了规范,是我国高校学生管理中具有重要作用的一份文件。1979年教育部又出台了关于试行《高等学校学生学籍管理的暂行规定》的补充通知,对其做出进一步完善。1983年1月,教育部颁布了《全日制普通高等学校学生学籍管理办法》。1995年,国家教育委员会关于颁发《研究生学籍管理规定》的通知,该规定主要从入学与注册、纪律与考勤、休学与复学、转学与转专业、退学、奖励与处分、毕业与就业等方面阐述研究生学籍管理方面的要求。关于学位条例方面,1980年2月,全国人大常委会颁布了《中华人民共和国学位条例》,指出“学位分学士、硕士、博士三级”,并提出了授予学士学位、硕士学位、博士学位的不同授予条件及授予机构,同时还指出应设立学位委员会、学位评定委员会、学位论文答辩委员会等。1981年国务院批准了《中华人民共和国学位条例暂行实施办法》,对不同学位等内容规定了更为具体的实施举措。1993年,为了加强高校学历证书的管理,国家教育委员会出台了《关于印发〈普通高等教育学历证书管理暂行规定〉的通知》,对毕业证书、结业证书、肄业证书应具备的内容做出了详细的规定。

(2)高校学费的变革。中华人民共和国成立后,学生上大学是享受免交学费的,但是,1985年出台的《中共中央关于教育体制改革的决定》提出“还可以在国家计划外招收少数自费生。学生应缴纳一定数量的培养费”。高校学生不交费用的情况到1986年开始改变,从此高校开始实行招收“自费生”。1990年,国家教委等五部委《关于发布〈普通高等学校招收自费生暂行规定〉的通知》，就如何对自费生进行管理从招生计划、招生管理、在校管理、就业、户口、粮食关系迁移、收费、纪律等内容做了规定。1998 年的《高等教育法》第五十四条指出："高等学校的学生应当按照国家规定缴纳学费。家庭经济困难的学生，可以申请补助或减免学费。"高等教育进入全面收费时代。

(3)考试与招生。1977 年 10 月，国务院正式批转了教育部的《关于一九七七年高等学校招生工作的意见》，这一政策就高校招生制度的招生对象、招生对象的条件、招生方法等方面做出了具体要求，与以前相比有所改革，至此我国恢复了高考制度。1981 年，国务院又批转了教育部的《关于高等教育自学考试试行办法的报告》，建立了高等教育自学考试制度，就考试对象、报考手续、考试方法、毕业等方面的问题加以规定。1988 年，国家教育委员会《关于颁发〈普通高等学校招生统一考试管理规划〉的通知》保证了招生考试的科学化、规范化。1996 年，国家教育委员会还针对高校中存在的考风问题做出要求，出台《关于严格高等学校考试管理及有关问题的通知》，要求高校要加强学风建设。

(4)就业制度。1977 年，我国恢复了高考招生制度。针对毕业生的分配问题，1979 年国务院批转国家计委的《关于一九七九年全国普通高等学校毕业生分配问题的报告》，指出"除'社来社去'的毕业生以外，面向省、市、自治区的学校的毕业生，一般由省、市、自治区分配；面向全国、面向地区学校的毕业生，按照原定的分配部门和分省、市、自治区的培养计划分配"。1989 年国务院批转了国家教委等部门的《高等学校毕业生分配制度改革方案》，决定"逐步将毕业生计划分配就业制度改为社会选择就业制度"，并就国家任务招生的学生及就业方式、社会调节性计划招收的学生及就业方式等做出了具体规定。1994 年，国家教育委员会又发布《关于进一步改革普通高等学校招生和毕业生就业制度的试点意见》。1999 年，教育部《关于停止使用〈全国普通高等学校毕业生就业派遣报到证〉和〈全国毕业研究生就业派遣报到证〉启用

〈全日制普通高等学校本专科毕业生就业报到证〉和〈全国毕业研究生就业报到证〉的通知》，将高等学校学生就业派遣报到证变为就业报到证，标志着高校毕业生"双向选择，自主择业"方式的确立。

(5)学生的行为准则、课外活动及安全教育。1982 年，国家教委《关于颁发〈高校学生行为准则(试行)〉的通知》，对学生在思想、学习等方面提出了八条要求。1990 年出台的《普通高等学校学生管理规定》对高校学生的课外活动，如学生社团、文娱体育、勤工俭学、社会活动等加以规定，同时还对校园秩序做了专门章节的规定。针对高校学生安全问题，国家教委在 1992 年出台了《普通高等学校学生安全教育及管理暂行规定》，要求高校加强对学生的安全教育与管理，并规定了事故的处理办法。

3. 法治化：进入 21 世纪以来的高校学生管理制度

在这一时期，高校学生管理制度中重视制度构建的合法性，赋予学生主体平等地位，明晰其权利义务关系。相关制度主要涉及以下几个方面。

(1)学生行为准则与权利、义务。2005 年教育部发布的《高等学校学生行为准则》规定了学生行为的标准。学生的权利与义务在教育部 2005 年重新制定的《普通高等学校学生管理规定》中得以专门提出，就学生拥有的六项权利与应当履行的六项义务做出了规定，《高等学校行为准则》中也专门提到了学生的权利与义务这一内容。

(2)学生安全与住宿管理。2002 年 6 月教育部发布了《学生伤害事故处理办法》，就学生伤害事故与责任、事故处理程序、事故损害的赔偿、事故责任者的处理等内容做了规定。2004 年，教育部颁布了《关于切实加强高校学生住宿管理的通知》，就学生宿舍的领导、党建与政治思想工作、管理规章制度、宿舍安保、校外住宿等五个方面的内容做了规定。教育部办公厅又接着出台了《关于进一步加强高校学生住宿管理的通知》(2005 年)、《关于进一步做好高校学生住宿管理的通知》与《关于开展高校学生住宿管理情况自查工作的通知》(2008 年)。

(3)电子注册制度。从 2000 年起,教育部决定在高等教育领域实行学历证书电子注册制度,并在 2001 年 2 月颁布了《高等教育学历证书电子注册管理暂行规定》。至此,我国高校开始实行高等教育学历证书电子注册制度,国家对这一制度不断加以完善,如《教育部高校学生司关于做好 2004 年高校学生教育学历证书电子注册工作的通知》(2004 年)、《教育部高校学生司关于普通高等教育学历证书即时电子注册的通知》(2010 年)。

(4)资助政策、奖励政策与助学贷款政策。2002 年 9 月,教育部、财政部印发了《国家奖学金管理办法》。2005 年 7 月,财政部、教育部发布了《国家助学奖学金管理办法》。同年,又出台了《国务院关于建立健全普通本科高校、高等职业学校和中等职业学校家庭经济困难学生资助政策体系的意见》,对国家奖学金制度、国家助学金制度、国家助学贷款政策做出了进一步的完善。2007 年 6 月,财政部、教育部又联合发布了《普通本科高校、高等职业学校国家助学金管理暂行办法》,对国家助学金的资助标准与申请条件、名额分配与预算下达、申请与评审、发放、管理与监督等做出了具体的规定。2007 年还发布了《关于在部分地区开展生源地信用助学贷款试点工作的通知》。此外,国家又相继出台了《教育部办公厅关于普通高校协助做好生源地信用助学贷款有关工作的通知》(2010 年)和《关于加强国家开发银行生源地信用助学贷款管理工作的通知》,生源地信用助学贷款管理工作得以不断完善。

(5)高校招生和就业政策。一方面,这一时期高校在招生方面的变化就是自主招生政策的产生。2001 年,江苏省内的 6 所高校率先进行了自主招生模式的试点,2003 年教育部开始推行这一模式,下发了《教育部关于做好 2003 年普通高等学校招生工作的通知》,在全国 22 所部属高校开始自主招生的试点。接下来又相继出台了一系列的措施,如《教育部办公厅关于进一步做好高等学校自主选拔录取改革试点工作的通知》(2005 年)、《教育部关于

2007年高等学校自主选拔录取改革试点工作的通知》(2006年)、《教育部办公厅关于做好2009年高校自主选拔录取改革试点工作的通知》(2008年)、《教育部关于进一步深化高校自主选拔录取改革试点工作的指导意见》(2012年),《教育部办公厅关于进一步加强高校自主选拔录取改革试点管理工作的通知》(2013年)。2014年,又出台了《教育部关于进一步完善和规范高校自主招生试点工作的意见》。

另一方面,这一时期高校毕业生就业制度逐渐完善。2000年我国确立了"双向选择、自主择业"的高校毕业生就业制度,2002年国务院办公厅转发《关于进一步深化普通高等学校毕业生就业制度改革有关问题的意见》。为了指导高校毕业生面向基层就业,先后出台了《关于引导和鼓励高校毕业生面向基层就业的意见》(2005年)、《关于统筹实施引导高校毕业生到农村基层服务项目的通知》(2009年)、《高校毕业生基层培养计划实施方案》(2011年)。2006年中组部、人事部等部门又出台《关于组织开展高校毕业生到农村基层从事支教、支农、支医和扶贫工作的通知》,决定实施"三支一扶"计划。此后相继出台相关文件。

(二)建立高校学生管理制度的基本要求

建立高校学生思想政治教育和管理制度必须符合以下要求。

(1)政策性。高校学生管理制度必须同党的路线、方针、政策和体现党的路线、方针、政策的国家的法律法令条例、决议指示规章规程,尤其是党和国家的教育方针保持高度一致,不能有丝毫背离。

(2)教育性。高校学生管理制度必须对学生起到教育作用,即能培养学生社会主义道德观念、行为规范、思想品质和严谨、务实、开拓进取的工作作风。这样,同学们既有章可循,又有进取的目标,充分发挥了规章制度本身的教育和激励作用。

(3)可操作性。高校学生管理制度尽可能做到量化,制定出符合教育、管理实际的科学指标,并用分值表现出来。这样,不仅能使全体同学在实施的过程中做到心中有数，自觉约束自己，在检查处理时也能避免主观随意性。

(4)整体性。高校学生工作专职人员必须树立全局观点，正确处理局部与全局的关系，正确处理学生的学习和课外活动的关系，以及团组织与学生会工作之间的关系等。在处理各种关系时，必须使整个系统处于协调状态，才能发挥整体的最佳功能，达到教育管理的最佳效果。

(5)严肃性。高校学生管理制度必须做到令行禁止，奖罚分明，对任何人也不例外，从而使学生的行为得到规范。在建立高校学生思想政治教育和管理制度时，凡应规范的都要规范，凡规范了的，各级学生组织和个人必须严格执行，不能朝令夕改，随心所欲。在执行过程中，严格按制度办，不能时宽时严，时紧时松，坚决维护其严肃性。

(6)民主性。高校学生管理制度必须符合广大学生的根本利益，并获得广大学生的积极拥护和支持。学生是管理的对象，又是管理的主体，在制定规章制度时，必须从群众中来，到群众中去，广泛听取意见，做到集思广益，紧紧依靠广大同学把教育和管理工作做好。

(7)科学性。高校学生管理制度必须符合高等教育的客观规律。任何领域都有其自身的规律，高校学生思想政治教育和管理也不例外，诸如管理必须与学生的年龄相适应的规律，思想政治教育中知、情、意、行活动过程的规律等。同时，还要善于借鉴现代科学管理理论，不断总结高校思想政治教育和管理经验，把行之有效的传统管理经验与现代管理理论有机地结合起来，才能不断提高科学管理水平。

二、高校学生行政管理体制

建立一套完整的大学生行政管理工作体制是做好大学生管理工作的重要保证。体制包含机构设置与权限划分两方面的内容。学生行政管理体制,主要体现在学生行政管理工作的机构设置与权限划分两个方面。在高校,学生行政管理工作是学生工作的一个重要部分,而学生行政管理工作又可分为:学生的教学管理、学籍管理、生活后勤管理、治安管理、课外生活和校园秩序管理等。因此,这里所讲的体制,不仅体现这些工作职能的权限划分,还应考虑为完成这些职能而建立的机构。所以围绕着对学生从入学到毕业的在校阶段的管理,围绕着对大学生学习、生活、行为规范而设置的机构与职能权限的科学划分,就是学生行政管理工作体制内涵的反映。

(一)我国高校学生行政管理工作体制的历史变化

在 1965 年以前,高校基本上实行“一长制”,即高校的管理制度,包括学生行政管理制度,原则上与当时企业的“三级一长”管理制度雷同,学校是由校级、系级、年级(班级)三级组成,“一长”由校长、系主任、年级主任(班主任)在各级发挥管理职能。后虽几经反复,但在组织机构的设置上,基本上无重大变化。组织机构的基本形式是采取“直线职能参谋组织形式”。

当时,校级行政管理机构中,无独立的学生行政管理部门,每个行政处均兼有管理教职工和学生的行政职能。例如,学生的教学管理,由教务处负责;学生的生活管理,由后勤系统的总务处负责。负责学校招生、毕业生分配的,各校又不尽相同,有的学校招生由招生办公室负责,有的由教务处承担。学生毕业分配,有的学校由教务处负责,有的学校由人事处承担;其他的学籍管理内容,包括奖励与处分,由教务处的学生科负责。系级的学生行政管理机构,主要由系办公室负责履行行政管理职能。年级(班级)无专门行政管理机构,主要由政治辅导员充当学校中最基层的行政管理机构的代表。

(二)我国现行高校学生行政管理工作体制的几种模式

随着教育事业的发展,学生行政管理工作的体制不断完善,高考招生制度的恢复、高等教育事业的不断发展使高校的规模得到了扩大，高校的领导体制，包括学生行政管理工作体制也发生了变化。从高校学生行政管理体制的变化看，可归纳为以下四种模式。

1. 学生行政管理工作机构呈散在模式

学生行政管理工作，由学校各部、处及有关机构各司其职，行使行政管理的职能。这一模式，在校级、系级、年级（班级）三级组织机构设置方面，沿袭历史上的“直线职能参谋组织形式”，一般来说，未增设新的行政管理机构。但在职能和权限划分方面，分权化的组织管理制度强化，促使整个行政管理工作能有规律、有节奏地顺利运转。

2. 学生行政管理工作呈专兼模式

学校建立了学生处，成为学生行政管理工作的主体处之一，而其他各有关部处，兼任有关学生行政管理职能，整个学生行政管理工作呈现专兼结合、齐抓共管的局面。这一模式，在校级建立了专门的、独立的学生行政管理机构——学生处。系级学生行政机构设置，各校情况不一。目前，全国有许多高校采用这一模式，在校级设立了学生处。

3. 学生行政管理工作机构呈复合模式

学校在校级建立了学生部和学生处，部、处合一，实行“一套班子、两种性质”的工作模式，成为学生行政管理和思想政治教育的主体。这一模式，有的大学在系部设立了学生办公室，主管学生行政管理工作和思想政治教育工作，有的大学视情况设立了学生年级办公室，负责本年级学生行政管理和思想政治教育工作。

4. 学生行政管理机构呈超部、处模式

学校建立了学生工作指导委员会或学生工作领导小组，委员会下设实体性的机构——学生工作办公室,办公室兼有协调、指挥各部处执行学生行政管理的职能和思想教育的职能。而各部、各处在学生工作办公室的指导下,照常履行原来承担有关行政管理工作的职能与权限。系与年级组织机构无重大变化。

上述各种模式,有两个共同的特点:一是管理机构的组织形式均采取"直线职能参谋组织形式",二是分权管理形式增强。

学生行政管理工作的成效,取决于两点,一是领导和干部队伍,二是管理体制。建立一个学生管理工作的体制,应选择哪种具体模式,主要由本校的历史与现状、领导与干部队伍的素质和结构、教师与职工的思想水平与觉悟、学校的任务和条件等形成的综合因素决定的。只有当一个具体模式适合这个学校的情况,并能创造出最优成绩时,才是最佳的选择。从学校学生管理体制发展的趋势来分析,选择具体模式应考虑两个问题。一是是否需要建立专门的学生行政管理体制,二是是否需要实行学生行政管理工作与学生思想政治工作相结合的管理体制。对这两个原则问题的回答是肯定的,这也是今后加强学生行政管理体制的两个原则问题。

第二章　互联网时代的高校学生管理工作

高水平大学是培养高层次人才的主阵地，其培养的目标是具有创新精神和实践能力的高级人才，而科学、规范的学生管理是实现这一目标的重要保证。由于近年来互联网发展极为迅速，并深刻影响了高等教育领域，因此高校学生管理者在开展学生管理工作时必须主动融合互联网思维，以不断提高学生管理工作的效率与质量。

第一节　群体特征：当代大学生的身份、行为与心理特点

当代大学生既是一个充满朝气和希望的群体，又是一个带有鲜明时代烙印和独特个性的群体。对他们的身份特点、行为特点与心理特点进行分析与把握，是科学开展高校学生事务管理工作的基本出发点。

一、当代大学生的身份特点

当代大学生是青年群体中一个特殊的部分，因而具有普通青年人的共同特性。与此同时，当代大学生又具有作为当代大学生自己所独有的时代特色，是共性与差异性共存的青年一代。具体来看，当代大学生的身份特点主要有以下几个。

（一）独生子女身份

当代大学生大多是独生子女，而独生子女身份对当代大学生

的成长与发展也产生了重要的影响。

1. 独生子女身份对当代大学生成长与发展的积极影响

伴随着社会财富的不断增加以及国民收入水平的不断提高，家庭的收入以及生活水平等也不断提高。由于独生子女家庭总是自觉或不自觉地给予子女过多的关爱，从而使他们能够垄断与独享资源，继而在体力和智力方面的发展明显要优于前几代人。

2. 独生子女身份对当代大学生成长与发展的消极影响

独生子女身份对当代大学生成长与发展的消极影响，主要表现在以下几个方面。

第一，独生子女身份导致很多当代大学生形成了以自我为中心的性格，对别人的关心与呵护习以为常，不懂得如何去关怀与体谅他人。

第二，独生子女身份导致很多当代大学生缺少兄弟姐妹的陪伴，从而很容易产生孤独与寂寞，形成独占心理和对于他人的冷漠心理；缺乏同龄伙伴的陪伴，交往大多借助网络、手机等现代化工具进行，缺乏与同龄人的亲密接触，沟通交流、协作意识较差。

第三，独生子女身份导致很多当代大学生因处于相对封闭的成长环境而显得不合群，再加上每个人的兴趣爱好不同，众口难调，因而很容易与同学产生矛盾与冲突。

第四，独生子女身份导致很多当代大学生习惯独自占有，与家人的分享能力、合作能力都相对较差，与家长的思想代沟也非常显著，不愿意与家长进行深入的沟通与交流。

第五，独生子女身份导致很多当代大学生从小就成了生活上的“甩手掌柜”，缺乏独立自主的生活能力，而且在经济上难以自立。

第六，独生子女身份导致很多当代大学生由于从小受到了家长超常规的关爱，再加上自身缺乏精神意志与信念的锻炼，因而普遍缺乏坚强的意志和坚忍不拔的毅力。

第七，独生子女身份导致很多当代大学生很容易形成既感性又理性的双面人。当代社会的竞争日趋激烈，因此不少当代大学生都会出现心理失衡的现象：一是有着非常强烈的荣誉感，二是有着特别强烈的虚荣心。可是，独生子女家庭的成长环境又造成了他们在日常生活中既不能任劳任怨，踏实为成功去奋斗，又不能享受通过奋斗得到的成功愉悦；在学习与工作中，既渴望成功，又很害怕失败；既渴望得到别人的认同与表扬，又不能接受外来的批评与指责。如此一来，当代大学生很容易成为既感性又理性的双面人。

（二）教育消费者角色

当代大学生的教育消费者角色指的是当代大学生要像消费者一样将教育服务或者其他教育产品当作商品来购买，因而需要享受消费者的相关权利。也就是说，大学生作为消费者需要享有受到国家法律保护的消费者权益，并以此为依据实施该权利以谋求正当的消费利益。大学生的消费权利是由安全权、知情权、选择权、申诉权、求偿权、受尊重权、监督权、收益权构成的一个复合型的权利。在现实生活中，确实有越来越多的大学生认为大学既然收费，就等于向学校购买了教育服务，理应享有消费者的各项权利。从这个角度而言，大学生对自己教育消费者角色的认知包含着最朴素的消费思想。同时，这也表明当代大学生具有了越来越强的权利意识。在他们看来，大学作为教育机构实际上就是一个人才加工站，加工的过程就是教育机构提供各种教育服务以及学生享受教育服务的过程。在此期间，双方的权利义务关系明确对等。学生的义务就是缴费和接受教育，而学校的义务则是提供各种符合教育特点的教育服务，包括教师讲课、学校资源以及信息系统的提供等各种服务。

不过，大学生并非是“纯粹的消费者”，因而也不能过于简单地以买卖关系去认识和看待当今的高等教育这种“消费”。高等教育改革的今天，大学生承受的学费负担肯定加重了，但学费的提高乃至自费，不能说大学生就是高等教育直接而纯粹的消费者。原教育部副部长张保庆曾经说过，我国的高等教育收费改革是必需的，但是高等教育的发展不能以收费为基础，而且收费只是对政府投入教育的财政资金不足部分的补充。因此，即便一些地方高校的收费偏高，但相对于大学生自己所缴纳的费用而言，国家、社会对大学的投入远远高于学生的花费。因此，虽然越来越多的大学生把自己当作教育消费的消费者，但从实质上来说其并不是纯粹的消费者。这就决定了高校在为学生提供教育服务时，绝不可能把学生当作普通消费者，像对待上帝那样提供服务，而是要把他们当作社会合格人才来培养。只有这样，大学才是真正的大学，而不是“退一赔一”的消费场所，不是满足受教育者所有“消费要求”的“消费天堂”；大学生才能更珍惜来之不易的学习机会和家庭的高等教育支出，认真学习，真正成为有益于社会的合格人才。

（三）个性鲜明

当代大学生与“80后”大学生、“90后”大学生相比，大多数有着更为独立的个性和活泼开朗的性格。当代大学生从小生活条件比较优越，他们的成长之路伴随着各种新鲜事物，但是他们个性比较独立，个性化较强，应对新生活的适应能力较强。此外，与以往大学生羞涩、内向、胆怯相比，当代大学生更加活泼、开朗、大胆，善于发现问题，并且敢于向书本、教师等权威提出质疑，思维奔放不易受束缚，在生活中能够坚持自己的见解，并且乐于同老师和其他同学分享。

（四）自我意识强烈

当代大学生多是有较强自我意识的人，这主要是通过以下两个方面表现出来的。

第一，当代大学生从其所处的年龄阶段来说，正值青年时期，思维的批判性和创造性都显著增强，学会了用自己的观点、用批判性的态度对周围的人以及所发生的事情进行审视与分析。也就是说，当代大学生不再是人云亦云，而是注重个人见解的表达。

第二，当代大学生绝大多数都是独生子女，从小到大都是家庭的核心，所有的家庭成员都围绕着他们转，从而习惯了一切以自我为中心。他们眼中只有“自我”，经常把自我价值的实现和自我利益的满足作为一切行动的出发点和归宿点。这就导致当代大学生在日常生活以及人际交往中带有明显的个人主义色彩，很少甚至不会考虑团队合作以及公共利益等。

（五）多才多艺

在当代大学生的成长过程中，随着素质教育的倡导以及多元化培养机制的尝试，家长越来越重视对孩子进行全方位的培养。于是，当代大学生可以说自小就接受了各种才能和才艺的培养与熏陶，因而从小就多才多艺，至少有一技之长。

不过，这也从侧面反映出一个事实，那就是在日趋激烈的社会竞争中，评判学生优劣的标准不再是过去单一的学习成绩，决定胜负的砝码有时是靠才艺的多寡。这一方面使当代大学生从小就具有多方面的才艺，另外一方面使当代大学生面临更加激烈的竞争，承受着以往大学生不曾承受的竞争压力。

（六）互联网的忠实追随者

在当代大学生的成长与发展过程中，互联网的影响是不容忽视的。他们从小就接触互联网，很多知识的获取是通过互联网，平时学习生活中遇到问题也喜欢借助于互联网来解决。此外，他们在与他人进行交流时，也主要是借助于互联网。因此可以说，互联网已经成为当代大学生生活中不可或缺的一部分。

二、当代大学生的行为特点

大学生行为指的是“大学生在大学生活时期，为了满足自身的发展需要而呈现的一系列具体而有一定目标指向的心理和行为特征，是大学生的社会生活方式"[①]。对于当代大学生来说，其行为呈现出以下几个鲜明的特点。

（一）目的性

当代大学生的主要行为都是围绕着实现"成才"这一根本目的而进行的，即"成才"作为当代大学生的需求指向和动机归结，引导和规定了他们的行为方向。因此，目的性是当代大学生一个重要的行为特点。

（二）随意性

虽然说当代大学生的行为主要是围绕着其目的展开的，但在其明确的目的性行动中还伴随着许多随意性行为，包括漫无目的的盲动、摇摆不定的变动和一反常态的逆动，如迟到、网恋、酗酒等。这些随意性行为是与大学生目的性行为相对立的，是一种不正常、不负责任的低层次行为目的。

（三）多变性

当代大学生是一个具有求变意识，并勇于探索、勇于创新的群体，因而他们的行为是多变、易变的。但是，这种多变性也常常把他们的行为引向反面，既可表现为对集体生活中固定的规律、条例和约束的厌恶、抵制和违抗，也可表现为自己行为中的随意起伏。

当代大学生行为的多变性特点，也表明当代大学生的心理是不够成熟的，思想也不够稳定。

（四）自主性

当代大学生相比同时代的其他青年来说，知识水平、文化修

① 朱孔军.大学生管理理论与方法[M].北京：人民出版社，2010：36.

养和思想觉悟都要高一些。他们大多能确立一个正确的价值观念,而其行为由于受到价值观的主导,也会表现出较强的自主性特点。也就是说,当代大学生的行为具有鲜明的自主性特点。

当代大学生行为的自主性特点既使他们在事业上的追求中具有更大的主动性和积极性,也导致他们往往显得有些自以为是,不愿意听从别人的劝告。因此,当代大学生行为的自主性是有一定的消极盲目倾向的。

(五)有序性

当代大学生的生活形式是较为稳定的,且有一定的生活节律,这就使其行为表现出明显的有序性特点。具体来看,当代大学生行为的有序性特点主要表现在以下两个方面。

第一,当代大学生的行为常常按照固定化模式出现和延续,显得单一、简捷。有的大学生把这种生活戏称为"教室—食堂—宿舍"三点一线的生活轨道,学期初松散、期中充实、期末绷紧的生活节律。

第二,当代大学生的行为必须服从社会制度、遵守法规校纪,这对于大学生集体生活的协调具有重要的作用。

(六)沉稳性

沉稳性也是当代大学生行为的一个重要特点,其主要表现在以下两个方面。

第一,当代大学生通常对自己的行为具有较强的责任意识,能够较为慎重地决定自己的行为方向和行为方式,并能够在一定程度上预见自己的行为可能产生的效果。

第二,当代大学生的行为中,其主体行为始终是学习行为。这也是当代大学生行为的沉稳性特点的一个重要表现。

(七)他律性

当代大学生行为的他律性特点,指的是当代大学生会因自制性差、自律性低而对社会化集体生活中的行为规范不适应、违背甚至是破坏。具有这一行为特点的大学生，通常其自主意识的发展不够健全，自控力比较差。

三、当代大学生的心理特点

当代大学生大都有着旺盛的精力和强烈的好奇心，但他们也缺少磨难、处事幼稚、精神较为匮乏。因此，极有必要关注大学生的心理特点，积极引导他们形成健康的心理。具体来说，大学生主要有以下几个鲜明的心理特点。

（一）过渡性

过渡性是当代大学生心理的一个显著特点，其主要是通过以下几个方面表现出来的。

第一，从大学生的心理发展水平看，多数大学生的心理正处于迅速走向成熟但却未达到完全成熟的时期。

第二，从大学生的心理过程看，多数大学生的认知迅速发展，达到相对成熟。其中，认知的核心要素思维已由经验型向理论型转化，并稳步地发展；情感从激情体验、易感状态逐步升华，过渡到富于热情，社会道德感和责任感增强；在意志行动上则从容易冲动发展到具有一定的自控力，形成了相对稳定的行为习惯。

第三，从大学生的个性心理发展看，多数大学生的性格、能力等个性心理特征都达到相对稳定和成熟的水平；理想、信念、自我意识等个性意识倾向性已接近成人的水平。以能力中的智能来说，多数大学生的智能发育已近成熟，正处于智力发育的顶峰。其知识储备日益丰富，经验的积累日益增多，理论思考能力和独立思考能力有了突飞猛进的发展，抽象逻辑思维高度发展，辩证思维日益提高，发散性思维有了新发展，加上想象丰富，所以善于独立思考、思想活跃，求知欲强而且喜欢思辨，迫切希望能有新的发明创造与成就，对家庭、社会做出贡献。

第四,从大学生的心理内容来看,多数大学生心理的核心方面发育尚不成熟,社会适应能力、思想价值取向等方面还未达到成人水平。加之,当代大学生的社会实践积累不够,生活经验匮乏,在举止行为间还带有明显的稚嫩性和盲从性。

(二)差异性

当代大学生心理特点的差异性主要是通过两个方面表现出来的,具体如下。

第一,当代大学生在心理发展方面存在一定的差异,既有速度快慢的差异,又有发展水平高低的差异,还有发展数量多少的差异、发展质量优劣的差异。

第二,当代大学生所处的年级不同,其心理发展特点也会有一定的差异。比如,大学新生面临的突出心理矛盾是自豪感与自卑感的矛盾、轻松感与紧张感的矛盾、新鲜感与恋旧感的矛盾等。中年级大学生突出的心理特点是成才道路的选择与理想的树立,逐步形成了人生观;学习目的的实现与学习态度、学习方法的掌握,逐步形成了学习心理结构;思维活跃、参与社会生活程度与实际能力的提高,逐步形成了独立自主能力;广泛交际,选择朋友,群体归属感增强。高年级大学生由于即将走向社会,处于实现人生抱负的起始阶段,心理上难免陷入了“临战前夕”的紧张状态,可能在思想上发生较大波动。

(三)可塑性

当代大学生正处于青年期,而这一时期是人生各种心理活动异常活跃、急剧变化的时期,存在着不稳定性,但也意味着有很大的可塑性。具体来看,大学生在大学阶段时,心理发展状态尚未完全成熟,心理状态普遍存在着不稳定的特点,具有很强的可塑性。随着生活空间的扩大、生活经验积累的增多,大学生的独立意识、自主意识与成人意识不断增强,他们开始重新审视评估自己,更加关注他人对自己的评价与态度,并逐步构建起每一个人特有的价值观念体系与评判是非曲直的标准。随之,大学生们特色各异的认知风格、情绪特征和相对统一的人格系统也会逐渐形成。

(四)脆弱性

当代大学生几乎都是集老人的溺爱和父母的宠爱于一身,成长道路十分顺遂,鲜少遇到障碍。这就导致不少当代大学生的心理素质较弱,抗挫折能力不足,在面对困难和挫折时往往手足无措,甚至会因此一蹶不振、误入歧途。这就表明,当代大学生的心理是极为脆弱的,急需对大学生的心理调适能力和抗挫折能力进行提高。

(五)矛盾性

从中学进入大学,意味着独立生活的开始,但中学时代形成的心理结构已远远不能适应新的学习生活的要求,而新的更高层次的心理结构又尚未完全形成和稳定,这势必导致大学生内心世界的深刻变化,产生一系列的心理矛盾。具体来看,当代大学生面临的心理矛盾主要有以下几个。

1.理想性与现实性的矛盾

对于自己的未来,大学生通常会进行一定的设想。但是,由于受传统教育观念的影响,很多大学生的理想定位比较高,否则就会认为自己没有志向。这就导致许多当代大学生的理想往往带上几分空想的色彩,与生活有明显的脱离倾向。眼高手低,不喜欢“从我做起,从小事做起,从现在做起”,只想做大事,一鸣惊人。本来大学生志存高远是一件好事,然而理想与志向的实现要以现实条件为前提,因此脱离实际的理想往往是难以实现的。如此一来,大学生便会遭遇理想性与现实性的矛盾。

2.独立性与依赖性的矛盾

大学生相比中学生来说,生理逐渐成熟,心理则呈现出鲜明的独立倾向。他们强烈渴望摆脱父母和教师的束缚，常常以逆反心理来对抗外来干涉与指导，要求自己决定自己的事务。这表明，大学生的独立意识大大增强。但是，大学生独立意识的增强并不意味着他们已经完全独立。事实上，他们依然有着很强的依赖心理。具体来看，他们为了完成学业，在经济上必须依赖家庭的供给和国家的资助；他们从小受家长的过度呵护，在一定程度上丧失了独立生存能力，根本不可能摆脱对家人的依赖；他们不知打发自由支配的时间、空间，不能恰当处理社会交往中的各种关系，不能自如地解决生活中遇到的一些问题，尤其在就业等人生重大决策上更离不开学校、教师和家长的指导。如此一来，当代大学生便不可避免地会面临独立性与依赖性的矛盾。

3.好奇性与盲目性的矛盾

当代大学生的个性由于受到经济自由发展年代的深刻影响，自信张扬、乐观进取。他们在现实生活中更加渴望实现自我价值，自主独立意识凸显，其人生态度总体上是积极的、健康的、向上的。他们的求知欲极强，对自然环境领域和社会生活领域中的一切都觉得好奇，都想要一探究竟。但是，他们缺乏实践经验与相应的理论知识修为，识别能力比较低下，因而在信息交流中很容易受到不良理论观点、不正确的价值观的影响，造成信仰的迷失与道德的沦丧。这就表明，当代大学生还面临着好奇性与盲目性的矛盾。

4.闭锁性与开放性的矛盾

大学生的身心发展还未完全成熟，但其又自尊心极强，因而不愿轻易与他人交流，也很少会向别人吐露自己的思想与情感。这表明，他们的心理具有闭锁性特点。但是，当代大学生由于从小生长环境的原因，往往自认为“我是太阳”，一切都围着我转。再加上由于时代的发展变化，家庭教育变得相对的民主自由，当代大学生在思想上存在强烈的独立意识。他们从小提出的意见和要求由于家长的宽容和溺爱都会被无条件地采纳，很少会遭到否决，以至于让他们养成不轻易趋同，以自我为中心的性格。可是，他们又渴望被他人接纳、认可，这就使他们产生了闭锁性与开放性的矛盾。

第二节　环境分析：网络文化及其对大学生的影响

在科学技术迅猛发展的今天，网络以其独特的方式影响着社会各个领域，网络文化也成为人类文化中一个重要的组成部分，并凭借自身的独特魅力对整个人类社会产生着深刻的影响。高校大学生群体作为乐于并善于接受新生事物的人群，他们在网络文化的影响中首当其冲。

一、网络文化的内涵

（一）网络文化的概念

网络文化是在互联网发展的推动下而发展起来的一种文化，也是一种只在互联网上流通，而较少为非网民所知的独有文化。

互联网文化从概念上来说，有广义与狭义之分。其中，广义的网络文化指的是网络时代的人类文化，它是人类传统文化、传统道德的延伸和多样化的展现，是遍布全球的借助计算机网络为媒介的，并以计算机技术、通信技术和信息管理技术等现代技术为融合手段，从事政治、经济、军事等活动在内的各种社会文化现象；狭义的网络文化指的是以计算机、互联网作为重要媒体所进行的教育宣传、信息交流等诸多现代层面的文化活动，主要以文字、声音、图像、视频等形态表现出来的精神文化成果，包括生活、思维、行为方式以及价值观等。

（二）网络文化的特点

网络文化的特点，具体来说有以下几个。

1. 虚拟性

网络文化的虚拟性特点指的是人们在网络中所面对的世界是一个由无数符号组成的虚拟空间，在这种空间中人们所拥有的资源以及可以选择的思想和行为是现实社会中难以实现的，相反许多在现实社会中难以实现的梦想、行为可以在网络中得实现。同时，构建于现实世界中的已经相对成熟的准则体系和生存习惯也被打破。面对网络世界和现实世界，人们的角色可以进行自由的转换，在这一过程中，内心世界倾泻的无限性与现实世界表现的有限性所产生的冲突都会在网络行为中体现出来，真实与虚幻的界限在网络世界中容易变得模糊不清。

2. 交互性

网络文化的交互性特点，主要是通过以下几个方面表现出来的。

第一，网络文化是虚拟文化与现实文化相互融合的产物。在当前，网络文化正以前所未有的速度在传播，并迅速融入人们的学习、生活之中，从而形成了独特的网络文化现象。

第二，在网络活动中，信息的发送、传播和接收都表现为具有互动性的操作方式，即网络中信息的传播模式不再是单向的，而是双向的、多向的。

第三，人们在网络中，既可以是信息资源的消费者，也可以是信息资源的生产者和传播者。

3. 共享性

网络文化的共享性特点指的是网络文化中的信息资源具有高度共享性，允许在同一时间内对同一信息源进行同主题的多用户访问，基本实现了资源需求与供给的一致性原则，避免产生信息资源浪费的问题，同时也减少了重复建库的经费和时间浪费等问题。

网络文化的共享性特点也使得网络文化在存在表现形式和特点上都具有极大的趋同性，这大大促进了不同文化之间的融合、渗透、交流，有助于促进各文化间的互动影响。

4. 匿名性

网络文化的匿名性特点指的是在网络中，交往的双方可以隐藏自己在物理空间里所不能隐藏的东西，从而在进行网络交流时不会产生过大的压力，可以按照自己想要的方式表现自我，尤其是表现一些无法在现实世界里表达的隐藏在内心深处的思想观念、道德情操、人生观、价值观甚至行为活动。

5. 跨时空性

网络文化的跨时空性特点，主要是通过以下两个方面表现出来的。

第一，网络信息的传播不受时空的限制。

第二，在有网络的前提下，人们能随时随地地浏览、下载各种信息。

6. 时效性

网络文化的时效性特点，主要是通过以下两个方面表现出来的。

第一，互联网使得信息的传输速度明显加快，人们可以随时了解世界各地正在发生的事情。

第二，人们在借助于互联网收集、查找资料时，能够更为快捷和有效。

7. 补偿性

互联网作为一个虚拟空间，对人们有着极大的吸引力。在互联网中，人们可以大胆地发表自己的看法，自由地与他人交流自己的思想与观点，并获得尊重、友情和自我价值的实现。但在现实生活中，很多人是无法获得这样的机会的。也就是说，网络为社会各阶层的利益诉求和情绪宣泄提供了一个很好的渠道，补偿了人们在现实社会中难以实现的愿望，促使人们获得心理上的平衡和满足感。从这一角度来说，网络文化具有补偿性特点。

二、网络文化对大学生的影响

网络文化作为一把“双刃剑”，对大学生的影响既有积极的一面，也有消极的一面。

（一）网络文化对大学生的积极影响

网络文化对大学生的积极影响，具体来说有以下几个。

1. 网络文化有助于培养大学生的创新意识和创新能力

网络文化对大学生创新意识和创新能力的培养具有积极的作用，这主要是通过以下几个方面表现出来的。

第一，在传统的教育方式中，大学生获取信息的方式比较单一，基本上是你讲我听、你说我服，其对新鲜事物的接受是在被动的情况下进行的。很明显，这样的方式很难教育出具有创新意识、创新精神和创新能力的学生。而网络是交互的，信息资源共享、方式互惠互利，大学生在网络上进行自我管理和自我约束，在平等的环境中相互学习、相互探讨，发现问题、解决问题，积极大胆地发表自己的观点。这种交互式的信息交换和学习过程，有利于大学生积极探索、大胆尝试、不断开拓、不断创新。

第二，网络文化是社会发展以及信息技术发展的必然产物，其本身所具有的高科技特点能够使大学生对知识的价值以及科技的作用产生认识，了解到创造性劳动以及脑力劳动对于社会发展与进步的重要意义。当越来越多的大学生将 IT 行业的精英当作自己的偶像，那么这些偶像的行为以及成就就会成为激励大学生学习和创新的重要动力。在这些榜样所发挥的模范作用下，网络文化在强化着大学生对自身创新意识、创新精神以及创新能力进行培养的自主性与自觉性。

第三，网络文化的交互性与开放性能够让接触网络文化的大学生通过网络的利用来实现信息的交换、情感的交流，并在互相学习与启发中对某些事物产生新的认识，从而使自身的创造性思维得到培养。同时，网络文化的多姿多彩为大学生的成长提供了丰富多元的信息和知识，能够有效地激发和调动大学生的好奇心与求知欲，从而推动大学生积极主动地开展学习活动与思考活动；而庞大的网络容量更是为大学生提供了丰富的想象和创作空间，为培养大学生的创新、创造能力提供了很好的平台，能够推动大学生将创新意识转化为创新行为甚至创新成果。

第四，网络具有应用价值、经济效益以及创造性的特性，这使许多大学生都愿意参与网络开发设计活动，而这种参与一旦获得成功，便会更大程度地调动大学生的创造性和能动性。

2. 网络文化有助于强化大学生的开放意识和开放精神

在互联网时代之前，大学生的成长有着鲜明的地域性特点。生活圈子主要是学校、家庭，人际圈子也只是家人、老师、同学、亲友等熟人。而在互联网时代，大学生可以借助于网络接触到各种各样的信息与人，了解不同国家、不同地域的文化特征、风土人情、生活方式，体会不同的价值追求。这使得大学生能够在一个比以往更加广泛的社会环境中学习和积累社会知识，并体会到文化之间相互包容的价值。如此一来，大学生会日益注重发展和形成自己的开放个性和开放精神。因此说，网络文化能够有效强化大学生的开放意识，提高大学生的开放精神。

3. 网络文化有助于缓解大学生的心理压力

当今社会的竞争日趋激烈，大学生面对的竞争压力也越来越大。当大学生在面对竞争所带来的就业难等问题时,不可避免地会产生心理压力。而网络因其隐蔽性、互动性、虚拟性特点,为大学生减轻心理压力提供了一个良好的平台。大学生在网络中可以在不暴露自己身份的前提下向他人倾诉自己的烦恼、释放自己的焦虑和不良情绪。如此一来,大学生的心理压力便能得到一定的缓解,继而促使其心理的健康发展。

4.网络文化有助于大学生个性的发展

大学生随着心理发展的逐渐成熟,无论是在意识方面还是在行为方面都具有了更强的自主性。在开放、平等、共享的网络文化中,大学生可以通过对网络文化信息的自主选择来对自身知识体系进行继续的构建,并对自身活动方式以及交往群体做出自主选择。在这一过程中,大学生的人生观、世界观以及价值观都是自主塑造的,并没有过多受到外部力量的推动。此外,网络文化的发展为大学生提供了更多对自身进行展现的机会,如大学生可以制作属于自己的网站、开通属于自己的微博、上传自己的文字作品等,这对于展现大学生自我也具有重要的意义。由此可见,网络文化是一种可以彰显大学生个性的文化,对于促进大学生个性的发展具有重要的作用。

5.网络文化有助于提高大学生的社会实践能力

大学生虽然大部分时间都是在校园中度过的,但其最终要走向社会。要让大学生成长为符合社会要求、适应社会的社会成员,并使大学生能够肩负起与自身社会角色相对应的责任与义务,就必须重视培养大学生的社会实践能力。而网络文化在大学生社会实践能力的发展中发挥着十分重要的作用,具体表现在以下几个方面。

第一,网络文化的出现让大学生的社会化领域得到了扩展,使得大学生能够在一个可以接触到的更大的社会环境中对社会知识进行探索和获取,对生活技能进行培养,对社会化教育内容进行丰富，这显然能够推动大学生综合素质的提高并为大学生参与社会奠定基础。

第二，大学生借助于网络与其他和自己角色相似的成员开展互动和交流，对自身角色的转变与适应情况进行检验，这能够在很大程度上促进大学生对社会角色把控能力和社会适应能力的提高。

第三，网络中存在很多的实践机会，如在网络中举行的各种比赛等，大学生可以通过网络进行报名并参赛，尤其是在网络竞技游戏比赛中，当代大学生的表现十分活跃；大学生可以在课余时间在网络中做一些兼职工作，这些兼职工作不仅不会影响其学业，而且能够拓展其各方面的能力。这对于大学生将来走向社会、适应社会都有重要的作用。

6.网络文化有助于提高大学生的平等意识

对于大学生而言，网络文化的一个重要价值便是为其提供了一个自由平等的交际环境。在网络环境下的人际交往中，大学生有着共同的身份以及平等的关系，可以同时作为信息的制造者、接受者、传播者和发布者，在平等的交流中也可以平等享受信息共享带来的益处。此外，由于网络没有权威、没有中心，因而在网络文化中等级以及特权是不存在的。作为一个网民，自己所享有的所有权利基于自己具有合法的ID，而不会受到社会地位、性别、种族、家庭背景以及经济实力的影响。这有助于引导大学生走出对权威的盲目服从和崇拜，甚至让大学生具有批判和置疑权威的权利。

总之，网络文化的产生与发展，能够让大学生的平等意识得到强化。

7.网络文化有助于提升大学生的道德素质

大学生与网络文化的接触，不仅对大学生群体的伦理素质提出了更高的要求，同时也为大学生伦理素质的培养提供了新的领域和平台。

网络文化的发展让大学生群体的交际范围、实践范围都得到了拓展，与他人之间产生的利益关系以及道德关系既存在于现实社会中，也存在于网络社会中，这让大学生群体的道德关系可以得到很大程度的扩展，也使得大学生群体对道德的认知相比以往更加进步与丰富，还进一步刺激了大学生道德意识的觉醒。在网络世界中，大学生个体能够更自觉地培育和唤醒自身的道德追求以及与之相适应的道德意识，并让自身的道德觉悟得到启发、道德热情得到激发、道德结构得到拓展，最终促使自身的道德素质得到不断提升。

（二）网络文化对大学生的消极影响

网络文化对大学生的消极影响，具体来说有以下几个。

1. 网络文化引发了大学生的信任危机

网络文化引发了大学生的信任危机，这是网络文化对大学生造成的一个不利影响，具体表现在以下几个方面。

第一，在网络中，大学生个体可以不服从集体大多数的意见，可以不参加集体活动，也可以随意以文字发泄自己的情绪。这就导致大学生的集体观念淡薄，影响了与老师以及其他同学的和谐关系。

第二，一些大学生由于沉湎于网络世界，会深感真实世界中的自己渺小无助，在不能有效地实现客观现实与虚拟现实之间的角色转换时，便开始逃避现实社会和真实的人际交往，进而不愿意与人沟通，甚至自我封闭，最终导致人际关系淡漠。

第三，一些大学生抱着游戏的、不负责任的心态参与网上交往，既导致了网络上的信任危机，也导致网络交往难以持久。

2. 网络文化引发了大学生过度沉迷网络

网络文化能够为大学生提供丰富的信息资源以及开展人际

交流的平台,但是对于一些自制力相对薄弱的大学生而言,则可能让他们沉迷于网络难以自拔,并对学习以及正常的生活产生负面影响。大学生之所以容易沉迷网络,原因主要有以下几个。

第一,大学生在进入大学以前,所接受的教育主要是以应试为目的的,而在进入大学后,学习环境变得宽松,自主选择权也增多。但是,这时的部分大学生自身的求知方式并没有做出调整,厌学态度也客观存在,而虚拟的、丰富的、新鲜的网络世界充满新奇与冒险,很容易诱惑大学生深陷其中不可自拔。

第二,大学生是一个有着旺盛的精力、较强的好奇心、活跃的思维、较强的独立意识等的群体,这使得他们希望对社会进行了解,并渴望爱情、友情、成功以及被尊重,而网络文化能够使大学生的这些需求得到一定程度的满足。于是,一些没有及时树立新的人生目标和价值追求、自制能力差的大学生,在面对新奇且充满诱惑的网络世界时就很容易被其吸引,最终上网成瘾。

第三,高校的周边通常会密布着大大小小的网吧,由于缺乏严格监管机制,使得部分非法经营的黑网吧依旧存在。这些网吧以营利为目的,充分迎合上网者的需求,在时间和内容上不加限制,以各种形式吸引大学生前去,如上网积分制度以及包夜制度也吸引着很多大学生选择通宵上网。这就使得自制力较弱的大学生很容易沉迷于网络。

大学生如果过度沉迷于网络,不仅会影响自己的身体发育,而且会对自己的人格成长、人际交往以及心理健康等都造成不利的影响。因此,大学生必须要提高自己的自控力,适时适度地上网。

3. 网络文化引发了大学生的理想信念迷失

在当前,互联网已经成为各种社会思潮的集散地,成为意识形态较量的一个重要战场。我国社会目前正经历着错综复杂的转型期,社会价值观念更趋于多元化,社会意识形态呈现出多重并存的局面。大学生正处于价值观、人生观、世界观形成的重要时期，也是人生成长的一个批判、叛逆期。他们由于身心发展还未成熟，自控力和自制力还很弱，对网络世界呈现的纷繁复杂的意识领域信息充满了好奇心和求知欲，从而成为各种社会思潮入侵的主要对象。在此影响下，大学生很容易产生政治观念模糊、理想信念迷失，从而形成一些不正确的思想、做出一些不正确的行为，如过于重视个人索取和个人利益，不在乎奉献社会和集体利益；过于重视享乐主义，而放弃了努力奋斗、艰苦创业等美德。因此，很有必要对网络文化进行净化，以引导大学生形成正确的理想信念。

4. 网络文化引发了大学生的人格异化

人格指的是构成一个人思想、情感以及行为的统合模式，而网络文化对大学生的人格发展产生了重要影响。在网络文化产生之前，大学生接受教育的过程需要依赖教师和教材，而在网络文化产生后，大学生对教师和教材的依赖性明显下降，对网络文化的依赖性却大大加强。这使得大学生离开了网络就可能不知道如何对所需材料进行搜集、如何与人进行交往，语言以及书写能力也会大大下降；使得大学生不能正确地分清网络中的自我和现实中的自我，继而产生人格缺陷甚至出现人格发展错位的现象。总之，过于依赖网络会导致大学生出现人格异化与心理扭曲。

5. 网络文化引发了大学生的道德价值失范

建立在现实社会基础上的传统道德规范在网络文化新环境中出现了失灵，而网络到目前还没有形成新的道德规范，而且网络环境下的多重价值标准和多元道德观念又对现实的传统道德规范形成了冲击，导致传统道德规范一直起到的支配性作用逐渐弱化，道德评价失去标准和效力。在这种现实之下，大学生出现了道德取向混乱、道德意识淡薄、道德价值失范等现象，严重制约了大学生的全面、健康发展。具体来看，网络环境下大学生的道德价值失范主要表现在以下几个方面。

(1)道德虚无主义盛行

网络所具有的虚拟性、自由性和开放性,使得每个在网络中的人有着非常大的自由空间,这使相当一批大学生产生了误解,认为自己从此就可以随心所欲,自己的网上行为不需要负责任,无所谓道德与不道德。在这种错误观念的影响下,大学生在网络中出现了很多错误的行为,如在网上发布色情信息、非法侵入公共信息网络等。

(2)道德冷漠现象严重

大学生在与人交往时,大多数情况下是依赖于网络,面与面的直接交流很少。这就导致大学生的人际关系变得日渐疏远,对现实社会生活中的他人与社会的幸福漠不关心,更不用谈什么是与非、善与恶。

(3)网络道德失范现象频发

在当前,与互联网相适应的网络道德还处于形成和发展过程中,因此在大学生中出现了很多道德失范现象,如破坏他人网上信息安全、独占信息、侵犯他人的隐私权、转载他人文章来践踏他人利益、煽动网络暴力、进行网络诈骗等。

第三节　时代境遇:互联网时代高校学生管理工作的新机遇和新挑战

高校学生管理工作是高校教育的一个重要组成部分,近年来,互联网的普及与发展为高校学生管理工作提供了很好的发展机遇,但也带来了一些新的问题,对高校学生管理工作形成了极大的挑战。

一、互联网时代高校学生管理工作的新机遇

互联网的普及与发展为高校学生管理工作带来的新机遇,具

体来说有以下几个。

（一）能够促进高校学生管理者的整体素质提升

网络时代对高校学生管理者提出了更高的素质要求，既要求他们具有过硬的思想水平和觉悟，又要求他们具备较高的网络管理才能和信息时代思维方式。为此，高校学生管理者必须加强计算机及网络技术的学习，把网上研究与学生工作紧密结合起来，成为学生在信息世界中的指导者和组织者；应该树立一种“教会选择”的观念，调整自己的角色，从“教会顺从”的训导者变成“教会选择”的指导者。

（二）能够使高校学生管理工作更具亲和力和人情味

网络的虚拟性、开放性、平等性和无权威性，使得高校学生管理工作更具亲和力、人情味，能够取得更好的教育效果。这具体表现在以下两个方面。

第一，在网络中，高校学生管理者与学生之间的地位是平等的，高校学生管理者不再是提供“说服”，而是提供影响、选择、引导。

第二，在网络时代，高校学生管理者越来越注重将学生管理工作融入网络的各种形式当中，从而使学生管理工作可以不受时空的限制。这不仅大大提高了高校学生管理工作的效率，而且吸引了高校学生积极参与到学生工作管理之中，继而推动高校学生管理工作不断取得成效。

（三）能够提高高校学生管理工作的针对性

传统的高校学生管理模式中，学生处于一种接受知识的地位，不利于学生思维的发挥，创新精神被排斥或限制。而在网络环境下，网络文化的强烈开放性和全球化、数字化、虚拟化等特点，使学生可以自由、平等地体验网络文化带给人们的新境界。在此影响下，学生由传统的被动式接受知识的“灌输”教育转化为主动参与思想交流，赞成什么、反对什么都可以在网上袒露无疑。这使得高校学生管理者能够更迅速、更确切地了解学生的思想情绪，掌握其思想动态和利益要求，从而把握其思想脉搏和心理脉络，并对症下药，做好教育与引导。如此一来，高校学生管理工作的针对性便大大增强，高校学生管理工作的效果也能大大提升。

（四）能够为高校学生管理工作提供新的渠道与手段

在网络环境下，高校学生管理工作获得了新的渠道、多样化的工作手段和灵活的工作方式。在互联网时代之前，高校学生管理工作的渠道、手段和方式是比较单一的。比如，传统的思想教育模式是报告会、演讲、墙报、专刊、社会实践及各种寓教于乐的校园文化活动。而在互联网时代思想政治教育的方式和手段更加多样化，网上讲座、博客、BBS论坛、微博、电子信箱、QQ、微信、红色网站、热线服务等都能够为高校的学生工作注入新的活力，并且受到了大学生的广泛欢迎。

（五）能够最大限度地实现高校思想政治教育工作的社会化

在互联网时代，高校学生思想政治教育工作的社会化能够得到有效实现，这具体表现在以下两个方面。

第一，借助于网络，可以开展丰富生动的形势与政策宣传教育，活跃大学生的课外生活和校园文化活动，弘扬主旋律，扶植正气。

第二，借助于网络，可以使家庭教育、学校教育、社会教育紧密联系、融为一体，从而有效促进大学生思想政治素质的提高。

二、互联网时代高校学生管理工作的新挑战

在开展高校学生管理工作的过程中，互联网着实带来了不可忽视的挑战，这主要表现在以下几个方面。

(一)高校学生管理者的人格魅力面临挑战

一些高校学生管理者在开展工作时,由于对网络的影响预计不足,缺乏与网络相关的思想、知识与技术准备,从而导致学生管理工作无法顺利开展或是取得良好的成效。这样一来,高校学生管理者就有可能缺乏大学生所崇拜的科学文化素质、人格魅力及亲和力。而对高校学生管理者来说,人格魅力和亲和力有时决定了教育的效果。因此,高校学生管理者极有必要丰富自己的网络知识,不断提高自己的网络技能和网络运用能力。

(二)传统的高校学生管理方式受到了挑战

传统的高校学生管理方式,高校学生管理者起主导作用,他们将含有社会要求的、正面的政治观点、思想体系、道德规范的相关信息有目的、有计划地灌输给教育对象,而受教育者在内外各种因素的综合作用下,有选择地接受这些信息,进而"内化"为自身的个人意识,之后再"外化"为实际行动。在这一过程中,高校学生管理者传递信息的手段主要是以上课宣讲、座谈讨论、个别谈心、开展主题活动等,而以报纸、广播、电视、电影等大众传媒作为辅助工具。

而在网络环境下,单向的高校学生管理方式已经不能对大学生的心理需求进行有效满足。事实上,当代大学生也来越习惯于网络这种双向甚至多向的沟通方式。这就要求高校学生管理者在开展工作时,必须借助于网络,并要采取更为民主、更为自由的方式。只有这样,大学生才能积极参与到高校学生管理之中,从而推动高校学生管理工作取得良好的成效。

(三)网络时代高校学生的新变化使得高校学生管理工作变得更为复杂

在网络时代,高校学生出现了许多新的变化,其中既有好的一面,也有不好的一面。而网络引发的不好的一面,使得高校学生管理工作变得更为复杂。比如,网络这个信息的宝库,同时也是一个信息的“垃圾场”。对于自制力较弱的大学生来说,网络传播的信息“垃圾”会毒害他们的心灵,弱化他们的道德、法律意识,使他们的思想和行为出现偏差。这就对高校学生管理工作提出了更多、更高的要求,使高校学生管理工作变得更为复杂。

第四节　前沿探索:高校学生管理工作理念的创新

创新是一个民族进步的灵魂,也是国家兴旺发达的不竭动力。高等教育承担着实现中华民族伟大复兴和完成社会主义教育事业的历史任务,因而必须要不断进行创新。由于高校学生管理工作的开展情况会对高等教育的效果产生重要的影响,因此在进行高等教育创新时,高校学生管理工作的创新是不容忽视的一个方面。而在进行高校学生管理工作创新时,最为关键的是创新高校学生管理工作的理念。

一、高校学生管理工作理念创新的重要性

进行高校学生管理工作理念的创新有着十分重要的意义,具体表现在以下几个方面。

(一)高校学生管理工作理念的创新是新形势下做好学生管理工作的基础

伴随着改革开放的不断深入以及互联网的普及与发展,大学生在选择和接受各种思想、文化时有了更为广阔的空间。同时,当代社会的新思想不断出现、文化的内容也不断丰富,这既使当代大学生的思想体系和文化体系不断丰富,也给大学生管理工作带来新的挑战。此外,我国当前的高校学生管理还存在许多不适

应之处，突出表现在许多高校学生管理者仍沿袭传统的单一模式和思维习惯，采用原有的以学校和教师为中心、忽视学生主体性的管理模式，从而导致高校学生管理面临不少的新困境。因此，极有必要对高校学生管理工作理念进行创新。

（二）高校学生管理工作理念的创新是新形势下做好学生管理工作的关键所在

时代在变化，各种新理念也层出不穷。由于理念是工作的先导，理念不正确，工作也就缺乏正确的方向，要取得好的成效是几乎不可能的。因此，当代的高校学生管理工作要想取得成效，必须要以社会的发展现状为依据，积极融入产生于当代、适应于当代的学生管理工作理念。

（三）高校学生管理工作理念的创新是新形势下做好学生管理工作的必要前提

当前的高等教育正逐渐由精英教育转变为大众化教育，既要把学生视为接受教育的对象，又要把学生当作管理服务的主体；既要严格管理规范，又要重视教育引导；既不能一味追求意志统一，又要充分保障学生权益；既要强调集体观念和社会需要，又要趋向于人的个体需求与素质发展。因此，当代的高校学生管理首先必须对管理理念进行创新，并把这种理念创新当作高等教育大众化条件下学生管理工作的必要前提。

二、高校学生管理工作理念创新的内容

在当前进行高校学生管理工作理念创新时，需要包括以下几方面的内容。

（一）要坚持以人为本的管理理念

高校学生管理工作的对象是大学生，只有公正、平等地对待

每一个大学生，尊重和保护每一个大学生的权利，积极为大学生的发展创造有利的条件，高校学生管理工作才能取得良好的成效。此外，在开展高校学生管理工作时，要想取得良好的成效，必须切实关注学生的需求、学生的属性、学生的心理、学生的情绪、学生的信念、学生的素质、学生的价值等一系列与学生有关的问题。这就决定了不论是开展高校学生管理工作，还是进行高校学生管理工作理念创新，都必须坚持以人为本的管理理念。

1. 高校学生管理工作中以人为本理念的含义

高校学生管理工作中的以人为本理念，就是“以学生为本”的理念，即在开展高校学生管理工作时，要切实以学生为出发点，充分尊重学生作为人的价值和尊严，以及学生的人格、个性、利益、需要、兴趣、爱好等，尽可能调动学生的积极性、主动性和创造性，强化其在教育过程中的主体作用，最终促使其获得健康、全面发展。

2. 高校学生管理工作中以人为本理念的贯彻

坚持“以人为本”理念既是高校学生管理工作的内在要求，也是高校学生管理工作创新的灵魂和核心。因此，在开展高校学生管理工作时，必须真正贯彻“以人为本”理念。具体来说，可从以下几方面着手来确保“以人为本”理念在高校学生管理工作中得到有效的贯彻。

(1)不断加深对学生的认识

在开展高校学生管理工作时，无论是确定工作计划和工作任务，还是选择工作的内容和工作的形式，都必须以对学生的本质认识为基础。任何一个大学生都有其自身具体、独特、不可替代的需求，而且不同大学生的需求在整个大学生群体中又都不是孤立存在的，它们之间是相互联系和作用的。就高校学生管理而言，学生对自身所处管理环境的感受，对自己在学校中的地位，对学习、恋爱、人际关系、就业等个人发展需要得以满足的程度，都是影响管理效果的重要因素。离开了对这些因素的认识、洞察和把握，高校学生管理就成了无源之水、无本之木。因此，在开展高校学生管理工作时，要不断加深对学生的认识，全面考虑学生的个体情况，重视学生需要在管理中的地位和作用，主动关心和爱护学生，及时为学生提供指导与帮助，以便学生在高校学生管理工作中能够发挥充分的作用。

(2)要充分尊重和信任学生

坚持“以人为本”理念，其核心便是管理者对人的尊重和信任。因此，在高校学生管理工作中贯彻“以人为本”的理念时，要切实尊重和信任学生。具体来说，就是要充分尊重学生的人格、自由、权利，尊重学生的独立性和创造性，要积极地、有意识地鼓励和引导学生自己去摸索，让学生学会学习。由此可以知道，在高校学生管理中尊重和信任学生，并不意味着完全不管学生，而是要以一种更积极认真的态度，把参与管理变为学生自身的一种需求，充分信任学生的自我管理能力、自律能力和相互协调能力，以激发学生学习和生活的热情，在尊重、信任学生的基础上体现严格要求。

(3)要重视培养和激励学生

提高学生的综合素质可以说是开展学生管理工作时最为重要的一项任务，而要提高学生的综合素质，必须充分发挥教育和社会实践的作用。由于通过教育，不断提高学生的思想道德素质、科学文化素质和健康素质是管理工作的主要任务。因此，全面提高学生的素质，对学生不断进行培养和教育就成为高校学生管理活动的一项重要内容。此外，在开展高校学生管理活动的过程中，只有灵活多样地运用各种适当的激励方式来引导学生充分参与到学生管理活动之中，才能促使学生管理工作取得良好的成效。

(4)要积极营造以人为本的校园文化环境

学生的发展及才能的养成，是遗传、教育、环境共同作用的结果。其不仅受他们所处的环境的影响，也在不断地改变环境。因此，在开展高校学生管理工作时，必须积极营造以人为本的校园文化环境。

这里所说的校园文化环境，就是与校园文化的形成与发展密切相关的外部条件，涉及物质环境与精神环境两个方面。其中，物质环境就是校园中以布局成型的姿态出现的物质环境，如建筑物的布局，室外的绿化、美化，室内的整洁、美观、大方等；精神环境主要是学校的传统习俗，校风、学风、人际关系、心理氛围、文化品位及活动构成的气氛等。其中，学风的营造是极为重要的。坚持“以人为本”，就要求高校必须把学风建设作为学生工作的切入点。学生的根本任务是成长和发展，成长和发展的重点是学习，尤其是专业知识的学习。学生工作为学生的成长和发展服务就是要创造良好的学习环境，学风建设是创造这种环境的重要内容，抓学风建设是学生工作体现“以人为本”的切入点和着眼点，以此可以防止把学生工作与教学工作等其他工作相割裂的现象，避免出现“两张皮”的局面，切实有效地服从和服务于学校的中心工作。

(5)要强化对学生的指导和服务

在开展高校学生管理工作时，只有不断强化对学生的指导和服务，才能满足学生多样化的需求。因此，强化对学生的指导和服务也是高校在开展学生管理工作时贯彻“以人为本”理念的一个重要举措。

(6)要积极推进全员育人局面的形成

积极推进全员育人局面的形成，也是高校在开展学生管理工作时有效贯彻“以人为本”理念的一个重要举措，具体涉及以下几方面的内容。

第一，要充分认识到在教学科研并重型大学里学生工作与教学工作、科研工作、后勤工作的关系，学生工作不是一项孤立的工作，而是与三者紧密联系在一起的。教学、科研和后勤工作中都有育人的任务，要继续强调“教书育人、管理育人、服务育人”，调动全校教职员工的育人积极性。

第二，要实行系(部)主任负责制，系(部)主任要对所在系的工作负全面责任，其中很重要的一个方面就是对学生工作负责，既要关心学生工作，更要直接参与学生工作。

第三，高校中专职学生工作的人员必须要在全员育人的环境下做更多更扎实的工作，发挥更大的作用，并且要带动广大学生自我教育、自我管理和自我服务。

第四，要注意在条件成熟时，将学校育人与社会育人、家庭育人更紧密地结合起来，以便形成更为广泛的全员育人局面。

(二)要坚持开放的管理理念

开放的中国需要开放的高等教育，而开放的高校学生管理工作是开放高等教育的一个重要组成部分。因此，在进行高校学生管理工作理念创新时，要注意开放管理理念的融合与运用。

1.高校学生管理工作中贯彻开放管理理念的重要性

在高校学生管理工作中贯彻开放的管理理念有着十分重要的意义，具体表现在以下几个方面。

(1)开放理念是加强和改进高校学生管理工作的本质要求

在高等教育的发展过程中，必须处理好教育的规范性与开放性相结合的问题。教育的规范性是通过制度、传统、习惯、氛围等环节来体现，而教育的开放性则表现为教师与学生、学校与社会、有形教育与无形教育的互动，实现的途径就是以开放的理念推进学生教育管理开放，使高等教育成为终身教育体系的一个重要环节，成为学习型社会建构中的一个重要园地，成为与家庭教育、自我教育、社会教育相贯通的一个重要枢纽，成为学生社会化过程中的一个重要阶段。因此，要想开展好高校学生管理工作，必须要坚持开放理念。

(2)开放理念是加强和改进高校学生管理工作的源动力

在高校学生管理工作中坚持开放的管理理念，可以使高校学生管理工作的视野由窄变宽、动力由小变大、要求由低变高、措施由软变硬、导向由虚变实等。如此一来，高校学生管理工作便能实现“三力”合一，即国家的意志力、学校的执行力、学生的内驱力在具体工作理念层面实现有机统一，使学校的发展目标与国家的战略需求相同步，学校的教育教学要求与学校发展目标相协调，学生的教育管理举措与学校的教育要求相匹配，学生的内在需求与学生教育管理的举措相一致。

(3)开放理念是加强和改进高校学生管理工作的重要保证

在高校学生管理工作中坚持开放的管理理念，可以使高校学生管理者用开放的理念统揽全局，用开放的心态包容多样，用开放的举措推动工作，继而为学生发展创造良好的环境，切实促进高校学生管理工作不断取得成就。

2.高校学生管理工作中贯彻开放管理理念的举措

在高校学生管理工作中，要切实贯彻开放的管理理念，可以采取以下两个有效的举措。

(1)要牢牢把握高校学生管理工作开放的方向性

牢牢把握高校学生管理工作开放的方向性，对于高校学生管理工作中开放管理理念的贯彻有着重要的指导性作用。而要牢牢把握高校学生管理工作开放的方向性，需从以下几方面着手。

第一，在开展高校学生管理工作时，要坚持用邓小平理论、“三个代表”重要思想和科学发展观等马克思主义中国化最新成果武装学生头脑、指导学生实践、推动学生工作，牢牢把握学生教育管理的指导权、主动权、话语权。

第二，在开展高校学生管理工作时，要牢固树立中国特色社会主义的共同理想，引导学生自觉在党的领导下，走中国特色社会主义道路，为建设民主、富强、文明、和谐的社会主义国家而勤奋学习，建功立业。

第三，在开展高校学生管理工作时，要大力弘扬民族精神和时代精神，以促使大学生始终保持昂扬向上的精神状态。

第四，在开展高校学生管理工作时，要积极促进社会主义道德体系在大学生的心中扎根。

(2)要注意增强高校学生管理工作开放的针对性

增强高校学生管理工作开放的针对性指的是在开展高校学生管理工作时，要切实从学生最关心、最直接、最需要、最现实的问题入手，具体内容如下。

第一，要引导学生学会学习，变“学会”为“会学”。更新学习观念，变革学习方式，创新学习手段，提高学习效率。

第二，要引导学生学会自强，变“助我”为“我助”。进一步落实助学贷款，设立助学奖学金，建立与就业相结合的奖学金制度，组织好学生勤工俭学。

第三，要引导学生学会创业，变“就业”为“创业”。把培养学生的创新精神、创业本领、实践能力放在重要位置，改革教学内容和课程体系。完善鼓励和支持高校毕业生创业的制度和措施，提供创业的优惠条件，加强对创业活动的指导和管理。

第四，要引导学生加强心理健康知识普及教育，通过宣传倡导、教育引导、活动推导、家长督导等途径，做好心理健康教育工作。加强危机干预，消除潜在隐患。

(三)要坚持系统化的管理理念

高校学生管理工作涉及的内容、人员等都很多，这就决定了高校学生管理工作是一项系统性的工作。因此，在进行高校学生管理工作理念创新时，必须要重视系统化管理理念的运用。具体来说，高校学生管理工作中要有效贯彻这一管理理念应切实从以下几个方面着手。

第一，高校要切实从整体上构建学生管理的系统模型和综合模块，把学生管理工作作为一个集学习机制、竞争机制、奖惩机制、决策机制、评估机制和反馈机制于一体的动态过程。

第二，高校要引导全校教职员工认识到学生管理工作不仅仅是学生管理者的责任，自己也必须承担起管理学生的责任。也就是说，高校必须始终坚持依靠广大教职工、学生政工干部和全体学生积极参与的全员管理。

第三,高校要注意针对不同年级大学生的不同特点和不同大学生的不同特点,将学生管理工作贯穿于学生成长成才的全过程。

(四)要坚持精细化的管理理念

高校学生管理工作是一项极为繁杂、琐细的工作,因此在进行高校学生管理工作理念创新时,必须要重视精细化管理理念的运用。这里所说的“精细化管理”,就是必须将管理覆盖到每一个过程,控制到每一个环节,规范到每一个步骤,具体到每一个动作,落实到每一个人员。而高校学生管理工作中要有效贯彻这一管理理念,应切实从以下几个方面着手。

1.科学

科学指的是高校学生管理要善于运用现代管理方法和信息手段,积极探索和掌握学生管理工作的客观规律。

2.规范

规范指的是高校学生管理要严格管理规章和工作程序,坚持制度面前人人平等。

3.明确

明确指的是高校学生管理要落实管理责任,将管理责任具体化、明晰化,确保管理的过程条理清楚、层次清晰。

4.到位

到位指的是在高校学生管理过程中,每一个环节必须考虑到,不忽视微小的管理漏洞。

5.深入

深入指的是要把高校学生管理工作做得具体、做得扎实,追求一种精益求精的境界，使学校的管理水平迈上一个新的台阶。

（五）要坚持自主化的管理理念

在进行高校学生管理工作理念创新时，要注意自主化管理理念的融合与运用。这里所说的自主化管理，就是在开展高校学生管理工作时，高校学生管理者要积极与专业教师相配合，引导学生进行自我教育、自我管理、自我服务和自我发展。具体来说，要切实从以下几方面着手来促进自主化管理理念在高校学生管理工作中的有效运用。

第一，在开展高校学生管理工作时，要切实关注学生的发展，积极营造一种宽松和谐的民主气氛，调动学生的主动性、积极性和创造性，培养学生的创新精神和实践能力。

第二，在开展高校学生管理工作时，要充分发挥学生团组织、社团组织和学生党支部的作用，丰富课余生活，拓宽知识面，增长才干，陶冶情操，培养特色鲜明的校园文化精神。

第三，在开展高校学生管理工作时，要充分发挥学生干部和学生党员的先锋模范作用，让他们自觉地加入到学生的管理工作中来，成为重大问题的参与者、决策者，在参与管理的实践中尝试管理，学会管理，懂得管理。

第四，在开展高校学生管理工作时，要充分发挥学生的主人翁精神，突出学生的教育主体意识，实现学生干部队伍自我管理制度化。

（六）要坚持教育服务的管理理念

现代教育以促进人的现代化和主体的全面发展为中心，基于此，现代教育倡导“教育是一种服务”的教育管理理念。它强调教育者（教师）以满足受教育者（学生）个性发展，为受教育者创造全面发展和主体生成的情境和条件。由于高校教育是现代教育的一个重要组成部分，因此在开展高校学生管理、创新高校学生管理理念时，必须要注意融入教育服务理念。事实上，在高校学生管理工作中融入教育服务理念有着十分重要的意义，具体表现在以下几个方面。

1. 教育服务理念能够为高校学生管理工作提供内部驱动力

在高校学生管理工作中融入教育服务理念，可以促使高校学生管理者树立责任意识、市场意识和竞争意识，促使他们关注社会与受教育者的个人教育服务需求，推动高校自觉自主地进行改革，把握市场动向，完善服务体系，增强效益意识，提高服务质量。来自于管理者自己对这种改革的需求和认同是改革高校学生管理最主要的动力。可以说，没有管理者对这种改革的深刻理解，没有管理者对学生管理的热情参与，没有管理者对学生管理的积极投入，学生管理理念要转变就十分困难。因此，要求高校学生管理者树立教育服务管理理念，一个重要的目的就是希望他们能够从根本上认识到传统管理的问题所在。服务理念首先是将服务对象当成自己一切服务工作的对象和焦点，将学生满意不满意作为衡量管理业绩的重要指标，在客观上就迫使高校学生管理者去反思原来的管理理念并努力去接受新的理念。如此一来，高校学生管理工作便能不断取得良好的成效。

2. 教育服务理念能够引导高校学生管理树立更为恰当的目标

在高校学生管理工作中融入教育服务理念，可以促使高校学生管理者切实意识到高等教育服务的生产者是教育工作者，他们通过消耗智力和体力，而生产出适合不同教育对象需求的，具有多方面性能的教育服务，处在生产领域。学生则是高等教育的消费者，处在消费领域。这种理念为高校学生管理实践提出了新的目标，即在高校学生管理中应以学生为本，尽量满足学生（作为消费者）的需要。

3. 教育服务理念能够引导高校学生管理中良好师生关系的建立

在高校学生管理工作中融入教育服务理念，可以促使高校学生管理者重新对师生之间的关系进行审视，继而促进平等、和谐的新型师生关系的建立。为此，高校学生管理者必须树立服务理念，切实尊重学生，并从提高服务质量、保证消费者满意的角度出发来考虑一切，促使学生愿意与教师进行交流。

三、高校学生管理工作理念创新的实现途径

就现阶段来说，要切实促进高校学生管理工作理念创新的实现，可借助于以下两个有效的途径。

（一）积极建设一支高素质、高水平的高校学生管理者队伍

高校学生管理理念体现出管理的自主性、民主性、灵活性和发展性等特征，这对高校学生管理者提出了更高的要求。因此，必须重视提高高校学生管理者的素质，积极建设一支高水平的高校学生管理者队伍。此外，努力建立一支高效、精干、稳定、专业的高校学生管理者队伍，既是做好高校学生管理工作的关键，也是实现高校学生管理工作理念创新的根本。具体来说，可从以下两方面着手来进行高素质、高水平的高校学生管理者队伍的建设。

1. 从高校方面着手进行建设

进行高素质、高水平的高校学生管理者队伍建设时，从高校方面来说，必须做好以下几方面的工作。

第一，要按照要求认真做好建设规划，做到与师资队伍和其他管理人员队伍的建设统一规划、统一实施。

第二，要明确条件、坚持标准，切实做好人员选配工作。

第三，要周密计划、合理安排，扎实推进人员培训工作。

第四，要提出目标、严格要求，不断增强高校学生管理者的责任感。

第五，领导和有关部门要对高校学生管理者思想上重视、工

作上支持、生活上关心、政治上爱护，使高校学生管理者都能够随着形势的发展和工作的进行不断提高素质和水平，以满足事业发展的需要。

2.从高校学生管理者方面着手进行建设

进行高素质、高水平的高校学生管理者队伍建设时，从高校学生管理者方面来说，必须做好以下几方面的工作。

第一，高校学生管理者要不断加强自身修养，明确神圣职责，增强责任观念。

第二，高校学生管理者要具备较高的政治思想素质、合理的知识结构和较强的能力素质，并注意通过不断的学习来完善自己的形象和人格力量。

第三，高校学生管理者要坚持真理、忠于职守、为人师表、以身作则、办事公正、任劳任怨。

第四，高校学生管理者要树立服务意识，努力学习，积极实践，深入思考，大胆创新，不断探索新形势下学生工作的新路子、新方法，不断总结适应新形势、新情况下的学生工作的新经验、新成果。

第五，高校学生管理者要具备牢固的共产主义人生观，以便在教学与教育工作中能始终贯穿对大学生进行以辩证唯物主义和历史唯物主义的立场、观点和方法看待人生的教育。

第六，高校学生管理者要具备积极的创新教育观念，以便通过创新的机制，保证教育内容、教育方法、教育载体、教育渠道上的创新，努力培养出广受社会欢迎的高素质创新人才。

（二）积极创新高校学生管理工作的方法

要切实促进高校学生管理工作理念创新的实现，积极创新高校学生管理工作的方法也是一个十分有效的途径。在这一过程中，可具体从以下几方面着手。

第一，高校学生管理者要善于运用现代管理方法和信息手段，创造适合学生发展规律的、切合学生身心特点的工作方法，使学生工作更富感染力和实效性。

第二，高校学生管理者要经常深入学生的学习和生活之中，重点关注学生中的特殊群体，使学生工作更富有说服力和艺术性。

第三，高校学生管理者要深入挖掘和树立青年学生中的先进典型，树立可亲、可信、可学的道德榜样，使学生工作更富有吸引力和生动。

第四，高校学生管理者要定期进行学生状况的调查分析，为政策制定和方法研究提供可靠依据和参考资料，及时总结新做法，推广新经验，使学生工作更富有影响力和创新性。

第五，高校学生管理者要不断拓宽学生管理工作的研究视野，从而不断开创新形势下学生管理工作的新局面。

第六，高校学生管理者要密切关注国外学生管理的新方法，通过比较研究借鉴其中有益的成分为我所用。

第三章 增强服务理念:大学生社团的组织与管理

在高等教育普遍强调民主,突出学生自主、自治发展的背景下,各类大学生社团得到迅速发展,学术界对大学生社团的关注也日益增多。而从我国高校对大学生社团的管理实际情况来看,大多数高校在管理大学生社团时出于存在对社会管理重要性认知不足、物资分配不科学等原因,导致大学生社团在发展的过程中呈现明显的结构不平衡、保障不健全等问题。在新时期,随着高校管理服务理念的广泛传播,增强大学生社团组织与管理的服务理念成为高校学生团队管理的一个重要思想。

第一节 基本认知:学生社团的概念及主要特征

《国家中长期教育改革和发展规划纲要(2010—2020 年)》提出了"适应国家和区域经济社会发展需求,建立动态调整机制,不断优化高等教育结构""建立高校分类体系,实现分类管理"等战略部署,对高等教育发展指明前进方向,促进高等教育进一步找准发展方位、明晰发展目标、寻求发展路径。大学生社团作为高校校园文化的生力军,在创建校园精神文明、繁荣校园文化、培养大学生创新精神与实践能力方面起到重要的作用。而要进一步分析大学生社团,先要知道学生社团的概念及其主要特征。

一、学生社团的概念

《教育大辞典》对学生社团的概念是这样界定的,即"学生是在自愿基础上结成的,不分年级、系科甚至学校的界限,由兴趣爱好相近而组成的各种群众性文化、艺术、学术团体"①。而《辞海》则是这样定义学生社团的,即"以有益于学生身心健康成长为原则,由中国高等和中等学校的学生自愿组成的,形式多样的群众组织"②。可见,学生社团实际上是为了达到共同的目标或理想,由校内学生自愿组成的接受学校管理的学生群众性自治组织。大学生社团是存在于高校的学生社团,对于它的性质,我们可以参考团中央、教育部在《关于加强和改进大学生社团工作的意见》中的观点,即"由高校学生依据兴趣爱好自愿组成,按照章程自主开展活动的学生组织"③。

大学生社团一般会开展各类社会活动,这些活动为广大同学提供了充实的课余生活和发展个人爱好的多种场所。例如,信仰型、学术型社团可以通过举办研讨会、演讲会、讲座、竞赛、展览、沙龙等活动组织大学生交流思想、探讨问题、增长知识、拓展视野;文娱型社团可以通过各种文化活动愉悦身心,丰富生活;服务型社团,人员可多可少,地点可以在校园内或校园外,充分根据成员的专业和技能特长组织活动。这些活动撑起了高校校园文化的繁华天空,让每个置身校园的人,都能感受到浓浓的文化气息,从中饱览大师级人物的魅力,多角度、多层次地品味历史文化艺术的精华,增长见识,锻炼体魄,陶冶情操,构筑健康的精神世界,进而提高大学生的人文素养和身心素质。

同时,大学阶段是个人实现社会化的重要时期,而社团恰恰是大学生完成社会化的一条捷径。青年学生在踏入社会前夕,都希望能尽早体验社会,熟悉社会的特点和运作规律,从而降低高校与社会间的门槛,缩短就业的适应时间。因此,社团应该尽量

---

① 教育大辞典编纂委员会. 教育大辞典:1卷[M]. 上海:上海教育出版社,1990:225.

② 辞海编辑委员会. 辞海缩印本[M]. 上海:上海辞书出版社,1999:3196.

③ 共青团中央,教育部. 关于加强和改进大学生社团工作的意见[EB/OL]. http://www.ccyl.org.cn/documents/zqlf/200703/t20070321_14553.htm.

满足学生的这一需求，利用自身的社会化特征，为他们创造条件。

从自身定位来看，大学生社团是高校枢纽型团组织坐标系构建的重要“维系”。大学生社团蕴含着丰富的育人因素，且具有寓教于乐的效果，因此党团组织对大学生社团发展寄予厚望，这也要求社团能围绕党政工作中心，服务于高校的整体工作，共同建构好共青团组织坐标系的多元“维系”。

从主体发展看，社会对人才的多样化需求迫切需要大学生社团在锻炼培养人才方面发挥积极作用。人才需求多样化必然带来人才培养模式的多元化，学生这一主体的个性化需求迫切需要高校建构多元化、多维化、多层化的人才培养体系。高校社团本身具有开放性、自主性、灵活性特质，通过开展形式多样的专业特色活动、素质拓展活动、社会实践活动、志愿服务活动等，一定程度上拓展学生的综合素质，提升学生的综合能力。

从建设原则上看，近年来，随着高等教育大众化的普及，大学生社团在数量上已经达到一定的规模，社团类型层次化，社团发展多样化，社团功能全方位。由于社团数量的异军突起，加上指导力量不能全面顾及，势必带来社团重活动轻管理、重形式轻内容、重结果轻过程等问题，导致社团建设品位不深、社团活动层次不高、社团成员作用发挥不好等问题。长此以往，势必导致社团活动的旨趣背离初衷，削弱其应有的影响，因此大学生社团应坚持质量优先、强化特色、注重实效。

二、学生社团的主要特征

大学生社团作为社团的一种，在自发性、非营利性以及非正式的特征上，与通常意义上的民间社团有很多相似之处。但是学生社团与其他社会团体又具有明显的不同，表现为以下几个显著的特征。

（一）社团组织的松散性

大学生社团说到底是一种群众组织形式，一般都具有组织结构松散的特征。大学生加入社团只需报名登记就可以参加，无须办理像入党、入团那样较为复杂的手续，也不需要进行严格的组织审查，有的以简单的考试代替，一般成员均可自由退出。社团组织规模大小不一，少则十几人，多则数千人，成员结构具有跨班、跨院（系）的横向联系，以及本科生、专科生、研究生共同参与的多层次结构。例如北京大学湖湘文化研究会这个社团最初由北京大学法律系博士生龙显雷、黄震等人发起，现在成员已经涵盖学校内的本科生、硕士生，成为一个多层次结构的学生社团。

（二）团队成员较为单一

从实践上来看，社会上的普通社团，其成员往往十分复杂，学历、职业、素养等都存在一定的差别。但大学生社团则不同，作为建立在高校校园内的社会团体组织，其成员构成比较单纯，主要是大学生。而大学生社团的所有成员都是有着共同兴趣爱好、年龄相仿的在校学生，往往还以同一学校的学生为主，很少有跨校的社团成员，即其成员的社会角色比较单一。这样，在社团内部彼此间更容易产生共鸣，关系更为密切，凝聚力相对较强。

（三）需要接受学校的管理

学生社团必须自觉接受学校团委、各院系团委的领导，必须遵守宪法、法律以及学校各项规章制度。社团活动不得妨碍学校各类正常工作和教学、生活秩序。学生社团的会员应当是具有正式学籍的在校学生。学生社团不得从事以营利为目的的经营性活动。学生社团的基本任务是：适应社会发展需要，适应教育改革及学生成长成才的需要，积极开展健康有益、丰富多彩的课外科技文化艺术活动，促进学生德、智、体、美、劳全面发展。

（四）自发自治

在各大高校中，大学生社团的成立，一直是由大学生自愿、自由、自主地组织在一起。加入学生社团不需要组织安排，基于学生的共同兴趣、爱好、习惯和追求等特点，自由、自发地形成，这就使大学生社团的活动具有很强的自由性。社团活动不受教学计划、教学大纲和教科书的限制，其可以通过活动和开展项目进行基于问题的学习和基于项目的学习，较之学校其他学生活动形式和学习形式具有更大的自由度和选择性，也更利于增长学生的见识，锻炼才干，提高能力。同时，对学生的要求上，社团活动不像课堂教学活动那样一刀切、齐步走，学生的学习完全可以在一种宽松、自由和生动活泼的氛围中进行，学生的个性亦可以得到充分的尊重和充足的发展。在社团的管理上，大学生社团在学校管理机构的指导下，学生自己管理自己，自己教育自己，有效地组织和从事社团活动。

（五）体现明显的时代发展特点

大学生是青年人，他们所组成的社团具有青年人的时代特性。当今大学生所生活的校园环境是多元性文化的呈现地，他们能够通过互联网、报纸杂志等各类媒介敏锐地捕捉到最前沿的文化内涵，并将这种文化内涵带到社团之中。此外，当代高校学生社团已经突破了校园这个小的文化圈，他们主动走出校园直接与各种社会组织展开交流与合作，吸取了许多社会上较为先进的理念和模式，这也促进了社团文化的快速更新和发展。例如，某些社团会引入企业管理和文化建设的模式，使得社团成员能够以一名准企业员工的身份切身体验到走向工作岗位以后的工作环境。

（六）社团类型多样

近几年，全国高校学生社团呈现出蓬勃发展的势头，从社团的角度看，学校是个大社会，在社会上存在的社团，在学校几乎都可以找到影子，社会上没有的社团，学校里往往也可以找到。目前我国的学生社团可谓包罗万象、类型繁多。各种社团按照领域分:有体育类、艺术类、学术类、实践类等;按照功能分:有创业型、研究型、学习型、社交型、政治型、休闲型、公益型、服务型、学术型、网络类(虚拟型)等。以清华大学为例,该校现有在册学生社团 251 家,分为文化、艺术、体育、科创、公益和素质拓展 6 大类别,会员总数超过 3.3 万人次,平均每名本科生在校期间加入 2.6 个社团①。

(七)兴趣一致

大学生社团组织具有自发性、成员广泛性的特点,这些正是基于高校学生有着相同的兴趣和爱好。社团成员的初衷一般而言都是因为有着共同的兴趣、爱好、观点、特长等,故而在这种群体活动中表现出高涨的热情和参与性,并在活动的过程中相得益彰,所以社团拥有极强的凝聚力,大家都愿意为共同的目标而努力。因此,兴趣一致也是大学生社团的突出特点之一。

第二节　指导思想:大学生社团的外部组织与内部管理原则

大学生社团的管理中,对外部组织及内部团队的管理是关键的环节,做好这两方面的管理有助于大学生社团健康的发展。而开展科学的管理离不开科学管理的思想指导,高校管理人员应以科学的理念进行大学生社团的外部组织和内部团队管理。本节主要对这部分内容进行分析。

一、大学生社团的外部组织管理

一般来说,大学生社团的外部组织管理主要是学校层面对社

---

① 数据来源于清华大学学生活动介绍。

团的管理,它主要体现在各学校制定的《社团管理条例》等相关文件中,也体现了高校的办学理念。总体来看,各校在办学理念上各有差异,在社团管理上也有一定的区别,但同时不同高校在社团外部组织管理上也会体现以下共性(图 3-1)。

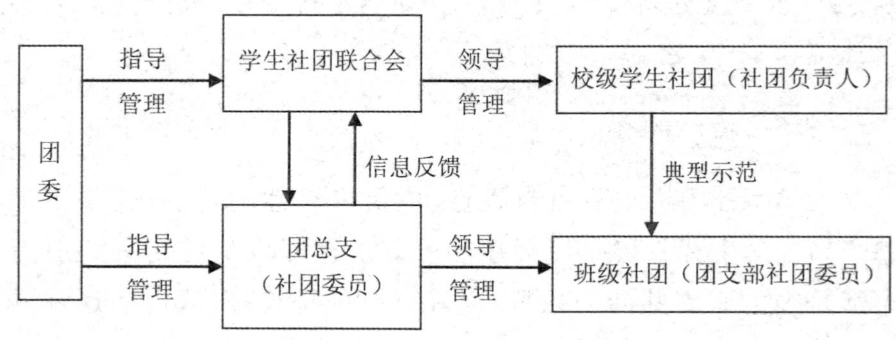

图 3-1　大学生社团的外部管理结构

(一)高校管理大学生社团的指导思想

管理思想是人们对管理过程中发生的各种关系的认识总和,是由一系列观念或观点所构成的知识体系,是指导管理人员从事各项管理活动的路标和蓝图,是管理机制的主导因素。有了正确的管理思想才会有有效的管理机制。同理,有效的大学生社团管理机制也必须建立在正确的学生社团管理思想上。从我国的实践情况来看,各大高校在学生社团管理上一般都遵循以下思想。

1. 坚持四项基本原则,突出学校党、团委对学生社团的领导

大学生社团的建设与管理必须贯彻党的教育方针,立足于培养社会主义事业的建设者和接班人。学校党委要重视对学生社团进行政治引领,特别是作为具体指导学生工作的高校各级共青团组织更要切实承担起思想政治教育进社团工作的具体任务,把社团工作纳入团学工作的整体格局,把社团中的青年学生纳入团组织的评价系统,这样就形成了各方面共同参与、协同配合,保障

有力,推动思想政治教育进社团工作持续、健康发展的有效工作机制。

2. 树立"管理就是服务"的工作理念

从管理内涵的实质和出发点看,管理就是解决某种问题,或维护某种状态,从而使社团成员的某一群体或者个体得到某种利益,换言之,就是通过"管理"给予他人"服务",所以"管理"是手段,"服务"是目的,管理的本质是服务,大学生社团管理也是如此。在大学生社团管理中,管理人员的工作目的就是实现学生综合素质的提高和校园文化的繁荣昌盛,究其实质就是通过管理服务到位,创造良好的环境和条件,诱发内因,把社团成员充分发动和组织起来,使他们真正成为社团的主人,和管理者们一起去实现社团组织的科学长效发展。因此,高校管理人员要牢固树立"以学生为本"的服务理念,端正管理工作的指导思想和出发点,积极探索大学生社团的发展模式和理念,"寓管理于服务之中",不断增强服务意识,为大学生社团创造宽松的发展空间。

3. 要坚持有利于学生全面发展的原则,突出社团的"教育性"

不管学生要成立什么样的社团或开展什么样的社团活动,都必须要有利于学生德、智、体、美全面发展,否则,一概禁止。最后要坚持民主管理的原则,突出"以生为本"。大学生社团主要是突出自我管理、自我教育和自主发展,重在展示和培养学生的个性、特长,体现民主和开放的理念,所以学校对社团主要是采取宏观管理,重在引导、监督和服务。

4. 具备把握新变化、与时俱进的时代观

目前,大学生社团在发展过程中出现了新情况和新趋势,社团种类由最初单一的兴趣爱好型转变成融兴趣、学习、科研、服务、责任等为一体的多样化类型,活动内容也由以兴趣型为主向实践型为重转变，活动范围正在由校内为主向社会化为重扩展，社团性质也更多被赋予了教育、管理方面的行政职能，这些新变化为当前的学生社团管理带来了新挑战，也更凸显出学生社团在发展和建设过程中存在着管理不够规范、条件有限、发展还不平衡等问题。基于此，作为社团管理者必须把握新形势，与时俱进，健全和创新社团管理机制，丰富管理方式，制订新办法，有效应对新变化、新问题，保证其健康有序发展。

（二）高校对大学生社团的创建管理

目前，几乎所有的高校都成立了大学生社团管理机构——学生社团联合会，它以“科学、民主、活泼”为理念，以“管理社团、服务社团”为宗旨，传承“社联家文化”，始终致力于学校社团文化建设和校园文化传播。

学生社团联合会负责大学生社团的创建管理，根据我国的实际情况，只要是在籍的学生都有权利申请成立社团，但必须符合一定的条件，这些条件除了社团必须遵守国家法律、法规和学校的相关规定，并有利于学生的发展之外，还包括以下几方面，具体如图 3-2 所示。

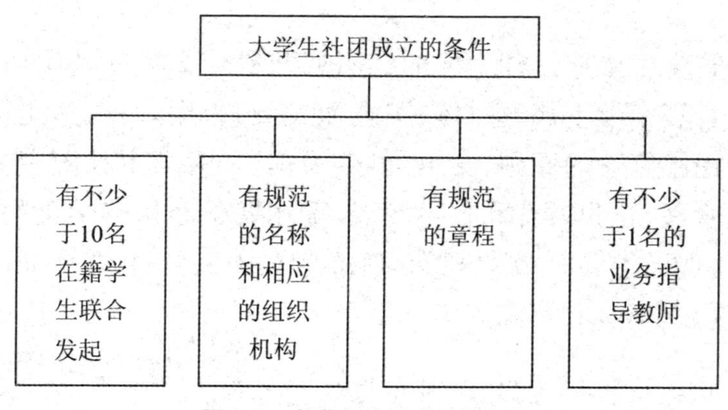

图 3-2　大学生社团成立的条件

在满足了大学生社团成立条件以后，大学生群体要向社团联合会提交学生社团成立申请书、社团章程草案、发起人的基本情况说明、业务指导教师的基本情况说明、社团成立审批表,社团挂靠单位及指导老师意见。社团联合会在收到学生组织提交的材料后,应根据学校的具体管理条例,以及学生社团组织的筹备状况等做出批准或者不批准筹备的决定。批准的,则由发起人组成社团筹委会开始筹备工作;不批准的,应向发起人说明理由。社团获批后,筹备人员应召开会员大会或者会员代表大会,通过章程,产生执行机构和负责人,并向校学社联申请成立登记。学生社团完成筹备工作后,校学社联发给《学生社团登记证书》,并向学校有关部门通报。

(三)高校对大学生社团的变更与注销管理

大学生社团的登记、备案事项需要变更的,应在形成决议后向校学生联合会申请变更登记;学生社团修改章程,须将修改意见报校学社联审核后方可提交会员大会或会员代表大会审议,社管会对社团提交的章程修改意见后给出答复意见。此外,大学生社团的解散和注销也必须符合学校管理规定,具体如图 3-3、图 3-4 所示。

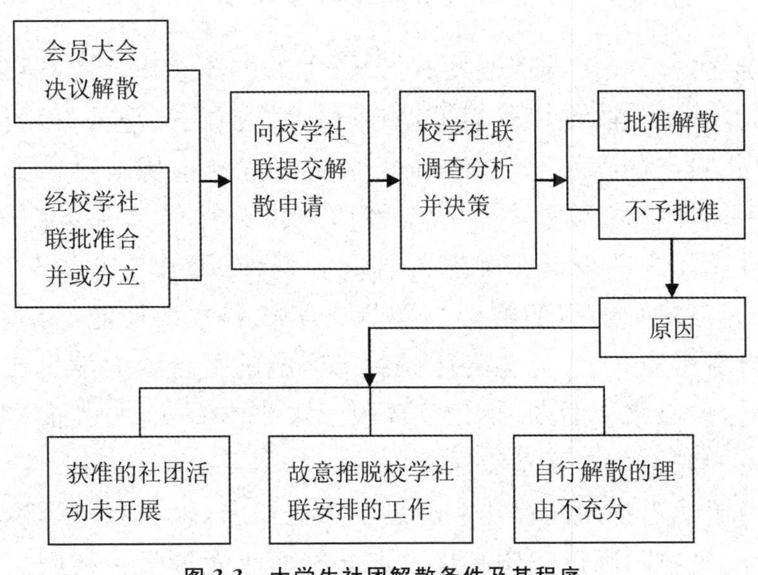

图 3-3　大学生社团解散条件及其程序

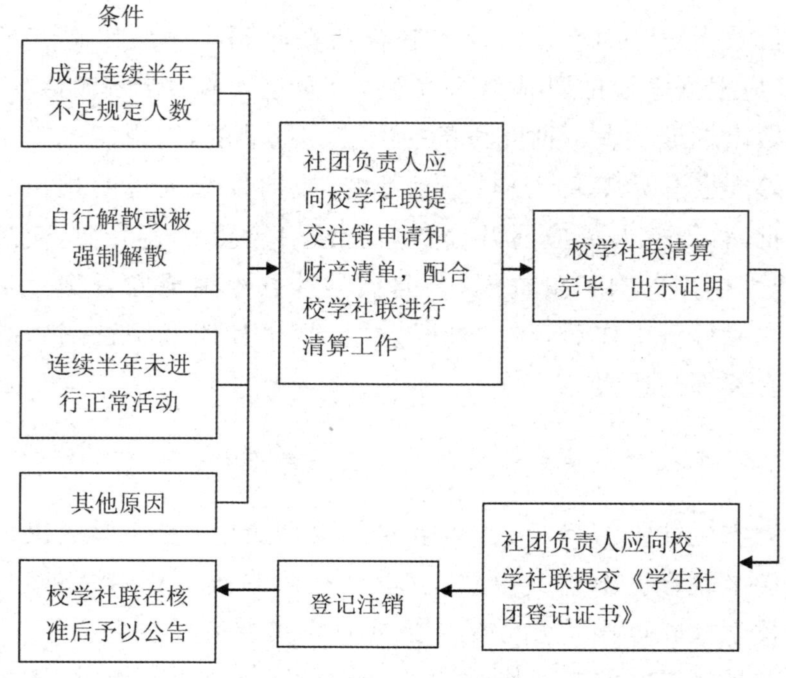

图 3-4　大学生社团注销登记的条件及其程序

（四）高校对大学生社团的建设与管理

随着社会经济的快速发展，大学生的主体意识、参与意识、竞争意识不断增强，促使他们根据自己所学专业、兴趣爱好、资源组织，寻找自己的舞台和位置，以求最大限度地锻炼自己。大学生的这种内在需求与社会活动的性质、目的、功能是基本吻合的。学生社团作为高校课堂教育的补充和延伸，因其专业的交叉性、活动的实践性、组织的社会性而具有实践和教育功能，为大学生提高自身素质，扩大社会交往提供了广阔的平台。大学生在社团活动时，可以结交朋友，不仅仅局限于本班本专业，与其他专业其他学院的同学也有联系沟通。

由于学生社团的存在能满足学生的需求，也有利于学生主观能动性的发挥，因此我国高校大都鼓励学生发展学生社团。近年来，学生社团成为大学校园的“第二基层组织”。伴随着高校教育教学体制改革和高校在校学生规模的剧增,大学生社团在学生管理、教育中所发挥的作用越来越突出和明显。同时,随着社会的发展,大学生社团的组织形式和活动方式已发生变化,呈现出由过去的兴趣型为主向兴趣型和务实型并重转变、由人文型为主向人文型、科研型和公益型并重转变的趋势。与此同时,大学生社团还存在不少问题。例如,大学生社团组织发展不平衡,良莠不齐。由于大学生社团组织的成员全是大学生(包括一些社团干部),而且呈“低龄化”趋势,因而更具有“不稳定”的特点,致使社团在每年的招新成员和负责人换届选举时,都不同程度地出现时断时续甚至停滞的状况,加之对社团及社团成员奖惩机制不健全,社团间没有形成良好的竞争氛围,使得社团发展不平衡。又如,高校对学生社团的地位和作用认识不够,认为学生社团只是课堂教学的补充和学生大学生活的点缀,并没有把学生社团的组织和管理工作纳入到学校的战略发展中,与高校育人中心工作大局相结合,导致大学生社团价值缺失,定位不明确。再加上大学生社团是学生的课外活动团体组织,存在很大的流动性和自由度,使社团在比较松散的环境中较难形成一个完善的制度,这就会导致社团缺乏凝聚力。大部分学生认为,在社团里不受任何约束,没有组织纪律性,想来就来,不想来就走,这种惯常的固有认识,使得社团在成员管理上一直存在着问题,即使社团活动丰富多彩,也会面临成员随时流失的现象。针对这些问题,加强大学生社团建设十分必要。一般来说,可从以下几方面入手。

1. 重视对学生社团指导教师队伍的建设

社团指导教师是社团开展活动的指导者,也是社团活动的主要评价者。学生社团指导教师首先要有奉献精神,甘为人梯;其次要有相应的专业知识和管理能力,再就是要有民主意识和合作精神。所以,学校或院系应主动建立一支高素质的社团指导教师队伍供学生选聘,学校或院系也可以积极为社团推荐指导教师,并建立相应的保障制度。在为学生社团配备好高素质指导教师的同时，学校或院系还要经常召开指导教师会议，进行互相交流，并通过指导教师加强学生社团与管理部门之间的联系，及时了解活动开展情况和社团活动中急需解决的问题。

2.贯彻文件精神，落实相关举措，完善制度建设

为贯彻落实中共中央国务院《关于进一步加强和改进大学生思想政治教育的意见》，高校应结合自身的实际情况，制定加强和改进大学生社团建设的各项制度，切实加强对大学生社团的领导和管理，积极支持大学生社团开展健康有益的活动，不断健全大学生社团发展的工作机制等，为大学生社团的健康发展和不断壮大提供了重要前提

3.重视大学生社团干部队伍的建设

大学生社团干部是学生社团管理的中坚力量，是社团开展创新活动主要的设计者和组织者，一名大学生社团干部是否具有较高的素质，直接影响后续社团活动的开展情况，再加上我国确实存在大学生社团干部素质参差不齐的问题，因此加强大学生社团干部队伍建设十分必要，具体可从以下几方面入手。

(1)针对学生社团干部具有流动性强、交替快的特点，把社团干部的梯队建设作为重要工作来抓，认真做好“传、帮、带”工作，加强对社团新干部和后备干部的培训，不仅使他们在思想上和业务上能胜任社团的管理工作，而且还要提升他们的创新能力，使之能适应社团可持续发展的需要。

(2)培养学生社团干部的科学态度、敬业精神和创新精神，培养学生社团干部对学生社团的领导和管理能力，确保学生社团活动的正常有效开展。

(3)完善对社团主要干部的建档工作，对其任职期间的活动进行记载，对工作业绩进行考核，并将主要业绩记入学籍档案。这既是工作的需要，也是对社团主要干部的激励。

4.优化社团发展的外部环境

大学生社团为大学校园文化氛围的创建和素质教育的实施提供了有效的载体,因此学校应高度重视,并为之提供有力的保障,如必要的场所、经费,科学的管理与评价体系等。另一方面,作为大学生社团成员的大学生,也应认真选择合适和喜爱的社团,以主人翁的姿态为其生存和发展费心出力,添砖加瓦,通过品牌打造,争取宽松、优化的外部环境。

二、大学生社团的内部管理原则

大学生社团办的怎么样,不仅要看它的外部组织管理是否合理,还要看内部管理是否科学。而科学的内部管理必然需要遵循一定的原则,这些原则主要包括以下几方面。

(一)自主性原则

大学生社团是大学生群体按照自己的需求、兴趣等自主创立的组织,因此在内部管理上也主要施行的是自治管理的模式,在管理原则上自然也要遵循自主性原则。这里的自主性原则是指成立什么样的社团由学生自主提出申请,社团具体的管理和活动安排由社团成员自主决定,大学生在社团中的学习和发展也体现"自主"的特点。可以说,自主性原则是学生社团赖以生存和发展的根本,也是培养学生个性的重要条件。

大学生社团在内部管理上遵循自主性原则应做好下面的工作。

(1)要结合青年大学生的特点,关注他们成长和发展的需求,在科学合理的指导下充分遵循民主开放性原则,树立社团成员"主人翁"的意识,真正实现"我的青春我做主、我的社团我来做"的目标。

(2)要树立"多元化"的思想,社团的管理者,一方面要理解与接受不同于自己社团的其他社团，融洽与兄弟社团的关系；另一方面也要能理解和接受本社团不同个性的成员，大家和谐共处，扬长避短，充分调动每个成员的积极性。

(3)要发挥社团成员自我管理、自我服务、自我教育、自我约束的功能，在社团的管理中，克服官僚腐败作风，营造和谐的民主氛围，鼓励全体社团成员参与到社团的管理中。

(4)要广泛听取各方面关于社团建设和发展的意见和建议，并且鼓励社团成员关于社团建设要善于思考、勇于创新，进一步推进社团的管理和建设。

(二)科学性原则

由于大学生社团是自发产生，基于共同的兴趣、目标等结合在一起的群众组织，具有自主性、广泛性、民主性、开放性等特点。不同的高校在社团的类型、数量规模、主要活动方式、影响力等方面有所不同。这些特殊性都要求大学生社团在进行内部管理时必须遵循科学性的原则，一方面，社团管理人员在工作中要以人为本，充分发挥师生的特长潜力，采取激励、评估、示范等有效机制促进社团长期健康发展。另一方面，在社团的队伍管理上也要科学，既要保证学校的教育方针的实行，也要重视学生各种不同需求。需求是动力的源泉，共同的理想与信仰是团结的力量。

(三)责任制原则

任何管理都必须强调权、责、利的对应，否则难以提高管理的效率。可以说，没有责任制就没有管理，大学生社团管理也是如此。社团管理中人事相宜、职责相称、权利与义务统一，工作绩效与工作“报酬”匹配，才能收到良好的管理效果，因此大学生社团在内部管理上也应遵循责任制原则，这要求社团必须做好以下工作。

(1)社团人员应进行合理的分工，做到事事有人管，责任有人负。

(2)分工以后,职责范围必须明确,并根据社团的特点制订各类人员的工作职责。

(3)对社团管理人员和社团成员的工作绩效与参与活动的情况要认真及时地进行考核,做到赏罚分明。

第三节 科学管理:大学生社团的管理机制与实现

大学生社团被认为是大学生的"第二课堂",学生希望从中学到在第一课堂上学不到的东西,这是他们参加社团的最重要的动因。但据调查,有近四成的学生并不满意自己所参加的社团。这一问题与社团的管理者有着相当大的关系。学生社团的管理者通常来自团组织的专职干部。一方面,他们本身团务工作繁重,在社团管理上是分身乏术;另一方面,各社团的情况又是千差万别,成员间的专业背景也是复杂多样,而团干型管理者的知识结构、管理经验等客观限制因素又使他们心有余而力不足——很难有针对性地对各个社团做出专业性的指导。其结果是造成管理上的偏差,直接影响社团的发展。针对这些问题,建立科学管理的大学生社团管理机制十分必要。

一、大学生社团管理机制的基本概念

要想了解大学生社团的管理机制,首先要明白管理机制是什么。机制原本是指机器的构造及其工作原理。机器构造合不合理、工作原理清不清楚,直接影响机器的操作运转。组织就像一部需要运行的机器,当然就必须有组织管理系统的结构及其运行机制。管理机制,是指管理系统的结构及其运行机理,其本质是管理系统的内在联系、功能及运行原理。管理机制是决定组织管理功效的核心问题。例如,管理者在管理中存在何种管理关系、

采取何种管理行动、达到的管理效果如何，归根结底是由管理机制决定的。

大学生社团的管理机制实际上就是大学生社团管理系统的内在联系、功能及运行原理，是决定管理功效的核心问题，它一般包括大学生社团的组织基本职能的活动方式、系统功能和运行原理，社团管理系统动力的产生与运作的机理，社团管理系统行为进行限定与修正的功能与机理。换句话来说，大学生社团的管理机制主要由大学生社团的组织系统、管理体系、激励与约束机制三部分构成。

二、构建科学合理的大学生社团管理机制

考虑到大学生社团的管理机制主要由大学生社团的组织系统、管理体系、激励与约束机制三部分构成，因此我们对大学生社团管理机制的构建也主要从这三方面进行论述。

（一）构建科学合理的社团组织系统

一般来说，我国的大学生社团组织会根据社团的类型和规模大小确定，规模小的社团可设置两个管理层次——领导层（归属于社团办公室或秘书处的会长、副会长等）和管理层（实施分类管理的各部、处等）；规模较大的社团则可设置三个管理层次——领导层（归属于办公室或秘书处的会长、副会长等）、中位管理层（实施分类管理的各部、处等）和下位管理层（隶属于各部、处的工作小组等），或者下设分会并在分会中设二级管理层，具体如图 3-5 所示。

由于大学生社团在提高学生素养上的确具有十分重要的影响，因此各大高校均十分重视学生社团，在高校的鼓励下，随着高校学生人数的不断增加、业务的不断扩展以及社团组织的蓬勃发展，传统的社团组织系统在管理上出现了一些问题，已经不再适宜新形势下学生社团发展的要求，因此必须构建科学合理的社团

组织系统,具体可从以下几方面入手。

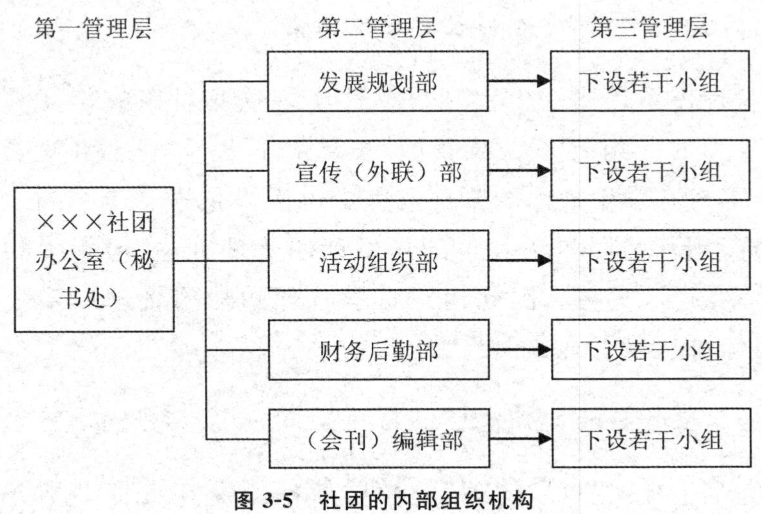

图 3-5 社团的内部组织机构

(1)优化社团结构。目前许多高校存在社团功能重复、资源浪费的情况,阻碍了社团健康发展,必须进行有效整合,如完善社团成立审批制度、建立新社团试运行制度和不良社团注销制度、加强日常工作的监管等以提高资源利用效率、提升学生社团层次。

(2)加强管理团队和指导团队的建设。大学生社团的地位决定了共青团必须设立专门机构或团队来管理,它的职责除了加强大学生社团日常管理外,还应该针对学生社团的性质和发展状况做好分类,并制订相应的管理策略和管理方式,同时还要为学生社团的发展做好争取外部支持、塑造良好环境、制订发展规划和相关科研工作。

(3)完善校学联会的组织系统。当前各高校都已建立了学生社团联合会,它既是学生社团实现自我管理的平台,也是共青团联系社团、管理社团的有力途径。学生社团联合会最主要的职责和任务是主持社团变更、指导社团计划、组织社团活动、协调社团关系、监督社团运行、维护社团权益、实施奖罚措施等,它的机构设置也必须像学生社团一样,根据工作任务设立,并且不宜太多,以避免令出多门增加学生社团的行政负担。

（二）构建科学合理的社团管理体系

管理体系是建立方针和目标并实现这些目标的相互关联或相互作用的一组要素。在我国，虽然各高校学生社团发展比较晚，各高校在学生社团的管理过程中也逐步积累了丰富的学生社团管理经验，并形成了各自的学生社团管理办法，但相关的配套管理体系还不完善。因此构建科学合理的社团管理体系十分必要，具体可从以下几方面入手。

1.建立良好的工作监管体系

大学生社团“自主管理”的性质使社团及其负责人具有较大的权力，但很多社团负责人并不合理运用这些权力，经常欺上瞒下，造成了很多恶劣影响，因此需要建立良好的工作监督体系。例如，在每学期末，组织监管人和社团负责人进行互相评定，提交书面报告，保证监管实效和科学务实。又如，建立完善包含财务管理、活动经费审核、收支申报等在内的财务监管制度，避免出现社团负责人“一支笔”现象。

2.建立完善的社团成员权益保障体系

很多学生社团都存在“一言堂”现象和家长制作风，负责人不重视成员意见，不尊重成员需求，不搞活动或搞一些华而不实的活动，造成“社团就是骗钱的”这一恶劣影响。因此，应建立完善的社团成员权益保障体系，如制定社团会员权益保障制度，建立维权小组，切实保障他们的合法权益。又如，明确社团成员的权益，保障社团成员在社团中的选举权与被选举权、知情权等。

3.建立科学的社团文化体系

大学生社团发挥作用的一个重要体现就是能产生良好的文

化教育功能,即能在社团活动中创造一种精神财富、文化心理氛围以及承载这些精神财富、文化心理氛围的活动形式和物质形态,大学生社团管理体系建设应进一步发挥这一功能,突出大学生社团的文化教育功能,建设社团文化体系。这要求社团管理人员一方面要对社团成员进行文化培育的制度培训和浸润,使成员熟悉社团制度,让文化建设成为一种自觉机制和习惯,这一体系在很大程度上决定了组织成员的行为方式,它代表了组织成员所持有的共同理念。另一方面要鼓励社团成员参与社团的管理和建设,要在社团内部发扬民主,深入了解社团成员的需求,构建一个社团成员共有的价值和信念体系,作为学生社团,要以此为根本,构建团结和谐的社团文化,树立起合和共生的新理念,来指导社团的整合实践。

(三)构建科学合理的社团激励与约束机制

大学生社团的健康发展离不开科学合理地激励与约束机制。在学生社团管理工作中,被管理者包含社团和社团成员两个对象,这也是激励客体。他们所希望的回报可分为物质利益和精神利益,对学生社团来说一般是经费、物品、声誉,社团成员一般更注重精神利益,当这些回报得以实现时,就会促进社团的发展。但是光有激励机制并不利于社团的发展,一般情况下,获得奖励的社团是少数,多数社团特别是实力不足的社团难以获奖,当付出同样的努力而没有获奖时他们的积极性就很有可能被抑制,因此还需要一定的约束机制。约束机制是指为规范组织成员行为,便于组织有序运转,充分发挥其作用而制定、执行的具有规范性要求、标准的规章制度和手段的总称。相对于学生社团管理工作,这里的组织成员也应该包含社团和社团成员两个对象,约束指的是关于社团管理的内外部规章制度以及各种形式的监督等,约束的目的是加强规范化建设,在激励机制引领队伍前进的同时约束机制维护着队伍的秩序。

在这里需要注意的是,对社团的激励与约束机制的设计要建立在正确评价大学生社团的基础上，这就要求学校要对大学生的社团活动及社团负责人进行常规的及不定期的绩效评估，作为评判一个社团工作成效的依据，并可在此基础上对社团及社团负责人进行适当的奖惩，最终实现有效的激励和管理。此外，也应建立大学生社团划分类型的指标考核体系，根据相同类别的社团参照同一标准考核，在内部组织建设、队伍建设、社团活动等考核内容方面要制定完善的、科学的、有效的考评制度，评选出管理有方、有创新性的、受社团会员喜爱的优秀学生社团，并且数据指标应由社团联合会和社团共同商议决定。

三、大学生社团管理机制的实现

大学生社团管理机制的实现需要一个过程，只有科学安排每一个阶段的工作，才有助于大学生社团管理机制的实现，为此，我们必须做好下列工作。

（一）科学规划

大学生社团管理机制的实现离不开科学的规划，社团管理人员要根据社团的特点和目标制订三至五年的发展规划。为了社团的发展，社团负责人要有一定的“长远”目光，应根据本社团和学校的特点构思社团未来的发展，科学合理地为社团定位和明确社团未来的目标，不局限于自己任期内（一般1～2年）的发展规划，这样才更有利于社团的发展。由于社团负责人和成员变化大、更换的周期快，也不宜制订时间过长的发展规划，一般以三至五年为宜，这样的发展目标便于达成。其次，社团还必须制订年度活动计划。在新学年伊始就应将年度活动计划告诉每位成员，并上报社团主管部门，一方面便于上级主管部门的指导与监督，另一方面更是让社团成员提前了解社团一年中的活动内容，做到心中有数，以便于安排自己的时间和为参与活动早做准备。一般而言，每两周应有一次社团活动，如果活动安排太少，时距过长,不利于社团凝聚力的形成和群体积极性的调动。在年度活动计划中,每次活动都应有明确的主题、大致的时间和具体的项目负责人。最后由项目负责人具体负责活动方案的设计与实施。

应当注意,制订社团发展规划必须注意以下事项。

(1)进行大学生社团的规划必须考虑学校的实际情况,包括学校管理政策、学校工作计划等,围绕学校中心任务,进行宏观的社团工作指导。

(2)进行大学生社团的规划必须考虑社团资源整合配置等实际情况,为此社团每学期都要依据学校社团工作相关要求,组织骨干成员商定整体规划,规划要向社团全体成员公布,并进行完善。

(3)社团规划应在广泛征求会员意见的基础上,民主协商和决定,这本身也是培养团队精神和激发成员积极性的有效举措同,时也应征求社团指导教师的意见,社团指导教师应在社团发展规划和年度活动计划上签字。

(二)落实规划

大学生社团的相关规划制订后,只有落实到实践中,才能发挥作用,实现其意义。因此,落实规划就成为大学生社团管理机制实现的一大条件。一般来说,大学生社团整体规划会制订总体目标和分级目标体系,社团管理人员要根据现代化管理的基本原则将其予以具体化落实,具体要做好下列工作。

(1)要明确每个活动项目的负责人,做到事事有人做,人人有事做,职责明确。

(2)要与执行者之间建立良好的工作和个人关系,才能使计划执行者更充分地发挥主观能动性。

(3)积极探讨切合社团特点、适合社团发展的管理模式,并对各项管理工作包括社团会员等进行规范化培训,建立社团管理规范化执行工作的流程,使各项工作执行有规可依。

(4)社团骨干换届规范化，严格执行民主基础上的集中制，做到公开、公正、透明选举换届。

(三)过程监督

在大学生社团的管理工作中，做好相关的监督工作也是保证大学生社团管理机制实现的一个重要条件。根据大学生社团管理工作的具体情况，我们将社团管理工作的监督分为对社团、社团活动的事后被动监督向事前、事中全过程主动管理延伸，发现问题及时协商、及时处理、及时补救，推动过程化管理步入制度化、程序化、规范化运作轨道。具体可从以下几方面入手。

(1)联系社团工作完成情况建立会员代表联席会议制度、例会制度、社团联系人或特派员制度、社团基本管理制度，对容易发生问题的财务管理、换届选举等环节配套制定相应事前制度保障机制。

(2)针对社团管理工作中存在的运行不透明、换届不公开等问题，制定《社团议事暂行办法》等完善事中工作运行机制确定固定日期为会员民主生活日，接受会员现场质询，听取意见和建议，并现场研究处理方案。

(3)根据社团工作实际成立督查小组，对社团、社团负责人、社团成员进行日常化监督和谈话监督，以构建一套综合的激励、考评和淘汰机制，强化社团管理工作的事后考核奖惩。

第四节　服务至上：大学生社团活动的设计与实施

大学生社团组织是由志趣相投、爱好一致的大学生自发组成的学生群体，在高校学生的生活、工作与学习中具有较强的影响力和广泛的群众基础。大学校园中的学生社团活动种类繁多，它丰富了学生的第二课堂、增长了学生的知识，同时，在能力培养方面发挥了越来越重要的作用。正是因为社团活动具有重要的意义，因此在社团活动的设计与实施中，组织与管理人员更应落实服务至上的理念，通过管理服务到位，构建科学的社团活动，推动大学生的健康成长。

一、大学生社团活动的设计

社团活动的设计与策划最能体现社团的特点和社团管理者的个性，也最能体现社团领导与成员的创造性，所以，关键是如何“策划”。“策划”就是研究、交流和创意，就是集体智慧聚合的过程。要开展好社团活动，首先是进行活动“策划”，编制活动策划书。尽管社团活动的设计与策划没有固定的程式，但社团活动的策划书有一定的规范，一般包括策划书名称、活动目的与意义、活动前期准备、活动时间与地点、活动开展的形式、活动内容、活动过程安排、活动经费预算和活动安全等内容。

大学生在开展社团活动策划时，需要注意以下问题。

（一）确定的主题

只有确定了活动主题，活动组织者才能围绕主题设计活动，否则就有可能是瞎设计，不仅达不到锻炼学生的作用，还有可能出现一些不合理的因素。因此活动设计必须首先明确活动主题，在主题的选择上，应基于社团的发展规划方向，侧重选择社团成员感兴趣的内容，以社团成员的关注和爱好点为导向，否则活动就会缺乏吸引力。此外，活动的主题还应能体现大学生社团的特色，明确地知道这个活动在什么地方、用什么样的方式可以表现出它独特的魅力，以方便下一步工作的开展。

（二）明确活动的目的和意义

社团活动的开展必然是有一定目的的，即活动有助于提升学生哪方面的素养，从哪方面践行了社团的理念等，这些都是活动设计必须考虑的问题。只有明确了活动的目的和意义，才能据此对后续活动形式和内容进行安排。一般来说，一个良好的社团活动，应该充分考虑其对大学生的思想政治教育功能、能力培养及提升功能，以及社团影响力提升功能等方面。

（三）选择合理的活动形式

在确定了主题，明确了活动目的和意义后，就需要选择活动形式。我们知道大学生社团的活动形式多种多样，活动设计者应该根据目的及主题进行选择。一般来说，学习型社团可以开展科技创新实践大赛、校企合作参观学习、专业知识讲座、学术交流会等，兴趣爱好类社团则可以举行各类爱好者交流、技能竞赛、能力展示等活动。

（四）安排活动流程

活动流程安排是活动设计必须重视的方面，活动设计者必须周密考虑活动从筹备、到开展再到完成后评价的整个环节，考虑其中是否可能存在不安全因素，若出现突发事件应该如何处理等，以便有所准备。同时，在安排活动流程的过程中，活动设计者还应科学分配活动资源，确保活动各个部门的有序衔接和良好合作，为活动开展奠定良好的人力资源和物质资源基础。

二、大学生社团活动的实施

大学生社团活动是高校校园文化和隐性课程的重要组成部分，是高校人才培养的有效手段，也是实现大学生人文教育目的的不可或缺的途径，我们必须积极探索大学生社团建设和管理的有效方法，构建新的模式，从而充分发挥其功能。

一般来说大学生社团开展活动需要符合以下程序（图 3-6）。

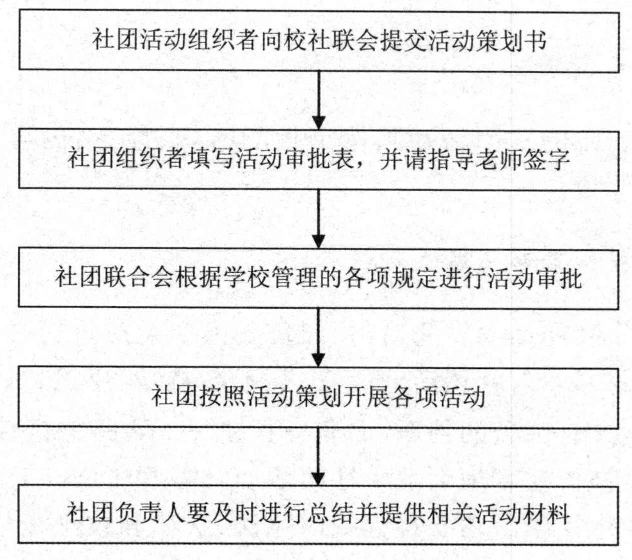

图 3-6　大学生社团活动的实施程序

(一)提交活动策划书

通常在大学校园内开展各类社团活动都需要经过审批,在审批时须提供活动策划书。策划书的内容应包括:活动名称,活动背景,活动目的、意义和目标,活动的组织单位,活动的资源需要,活动开展的前期准备和活动步骤,活动的经费预算,活动中应注意的问题及细节。

(二)填写活动审批表

大学生社团举办活动一般都需要填写活动审批表。活动审批表的内容包括:申请人姓名及联系电话、活动时间、活动地点、活动主题、活动内容、活动的组织者、活动安全负责人、指导老师签字、团委部门签字、保卫部门签字等。在填写活动审批表时,将活动策划书的内容填入,并请指导老师签署意见。

(三)审批

审批时主要是针对活动审批表的相关要素和策划书的具体

内容进行符合性测试，看是否符合学生活动的相关政策。

（四）开展活动

经过审批的社团活动须按审批的时间、地点、内容等按期保质保量地完成。

（五）提交活动总结及材料

在学生社团活动做完后，社团负责人要及时进行总结并提供相关活动材料。对社团活动而言，要不断总结、反思，做到既有一定的模式，又有突破的创新，而非一直在一个套路中打转。

此外，高校在管理大学生社团活动时需要注意以下几点。

(1)学生社团活动要符合我国宪法、法律和校纪校规的规定，不得影响正常的学校教学秩序，工作秩序和生活秩序。

(2)学生社团要认真按照确定的宗旨开展活动，不得从事与本社团宗旨无关的活动。

(3)学校还需对学生社团进行年度审核。学生社团一般须于每学年度第一学期的前三周内向校学社联申请学年审核，审核通过的方可在学年度内开展活动。

(4)学生社团邀请有关专家、学者和知名人士到学校进行有关内容的演讲、座谈和社会政治活动，均须经学校同意。

(5)学生在校的主要任务是学习，因此，不提倡学生创办面向校外的报刊。如果创办面向校外的报刊，必须按照有关规定报政府有关部门批准，并接受指导和管理。

第四章　促进学生发展：大学生的学习管理与辅导

学习是大学生活的一个重要内容。绝大多数的大学生都是经历了多年的奋力拼搏与激烈竞争才得以跨进大学校门的，因此，在进入大学之后，有些学生很自然地就认为大学是一个应该放松学习要求的地方；有些学生虽然在主观上并没有这种想法，但对于大学教学体制、学习方法等与中学阶段存在的显著差异没有明确认识，学习上缺乏自主性，客观上还是放松了对自己学习的要求；还有一部分大学生虽然意识到大学阶段的学习对人生的重大意义，也曾努力学习，但无论如何也达不到理想的学习效果……这诸多的表现和种种原因，使大学生们在学习过程中，产生了各种各样的心理问题。因而，了解大学生的学习管理与辅导的相关知识，对大学生的健康发展具有重要意义。

第一节　基本内涵：大学生的学习

一、学习的概念

学习是一种十分复杂而又普遍的心理现象。广义的学习包括人和动物后天获得经验的过程，而狭义的学习只是指学生的学习，即学生是在教师的指导下有目的的学习的过程。从广义的角度来说，学习是一种行为，但不是本能的行为，而是后天习得性行为，是由经验或实践引起的。学习所引起的行为或行为潜能的变化是相对持久的。有些技能，例如游泳、滑冰、骑车等，学会了之后几乎终生不忘。知识观念的学习虽然有时也会发生遗忘或被新的学习内容所干扰，但相对于那些因药物或疲劳等所引起的暂时性行为变化来说，它们保持的时间还是比较持久的。

学习是关系到生存的重大问题，不论是动物还是人类要想改变自己的行为都要进行学习。因此，学习无论对于人还是动物来说都相当的重要。如果失去学习的能力，也就标志着将失去生存的能力。但人类的学习与动物的学习是有本质区别的，这主要表现在以下几方面。

首先，人类的学习离不开对几千年来人类社会历史所积累的知识经验的继承。

其次，人类的学习是有目的的，是主动积极的。

再次，人类的学习既包括间接经验的获得，也包括个体在实践中获得直接经验。

人的一生都在学习，通过学习不仅保持了有机体与环境的动态平衡，而且还产生了改造客观世界的力量。

二、学习的影响因素

学习的影响因素包括智力因素和非智力因素两个方面。

（一）智力因素

一个学生学习的好坏首先同他的智力品质有关，智力因素是大学生学习的基础。智力因素发展的水平高，知识才能学得深、学得透、学得活、学得牢。

人的智力发展趋势不是单调递增的：婴儿从出生到 5 岁智力发展得最快；5～10 岁智力发展速度不如 5 岁之前，但仍有很大的增长；10～13 岁智力发展速度减慢；14～16 岁以后智力发展渐趋成熟；18～19 岁，智力已达成熟期（达到成人水平）；20～34 岁是智力发展的高峰；35 岁以后智力发展缓慢下降。大学生正值智力发展的高峰期，因此大学生要借助大学良好的学习条件，充分发展自己的智力，从而提高学习的效率。

（二）非智力因素

为了提高学生的学习效率和质量，不但要充分发挥学生的潜能，调动和组织学生的智力因素，而且要充分激发学生学习的动机和非智力因素，激励学生学习，使学习变为他们自己的需要和愿望。

非智力因素不直接参与信息的处理过程，但对学习活动具有重要的制约作用。良好的非智力因素对智力因素功能的发挥有促进、激发作用，而不良的非智力因素则对智力因素功能的发挥有抑制作用。大学生要想成为具有创造精神的突出人才，就要努力培养自己良好的非智力因素。

三、大学生学习的特点

大学生的学习具有显著的特点，概括来说主要包括以下几方面。

（一）自主性

进入成人期后，大学生的自我意识开始成熟并日趋稳定，主要表现为在学习上有着更强的独立性与自主性。这主要表现在以下几方面。

第一，与中学生相比，大学生的学习方式会发生明显的变化。中学阶段，学生的学习主要是在教师直接组织和指导下进行的，大部分的学习过程都有老师安排，学生只需要去执行。而在大学阶段，大学生不仅要单纯地接受教师在课堂上所教授的内容，还要根据自己的专业和实际需要，自学一些其他方面的知识，与中学阶段相比，自学在大学中所占的比重较大。

第二，与中学生相比，大学生拥有更为丰富的学习资源。除了教师的课堂教学外，图书馆、阅览室、校园学术讲座、学生活动、社会实践、师生交流、同学交流等都可以成为大学生的学习资源。

第三，与中学生相比，大学生拥有更多自由支配的时间。大学生的课程安排不像中学生那样每天都排得满满的，在上课之外，大学生每天有将近一半的时间供自己自由支配，可以对每天的学习做出更个性化的安排。

第四，与中学生相比，大学生有了更多独立思考的意识。面对学习的内容，他们不再是不假思索地全盘接受，而是开始以敢于质疑的态度对待学习、对待书本、对待老师，开始在更多的问题上通过独立思考拥有自己的观点。

（二）专业性

专业性是指大学生的学习有其一定的专业指向性和职业定向性的特点。大学生学习与中学生学习的另一点明显的区别是，中学生处于基础教育阶段，他们更多学习的是多科性的基础知识，在同一年级，中学生所学习的课程内容是基本相同的。而大学是专业教育阶段，大学生在入校时会划分一定的专业，在某一专门领域进行有针对性的学习，掌握这一领域的专业知识、专业能力和专业道德，为毕业后在相关专业领域从事工作做准备。这种专业性是随着社会对本专业要求的不断变化而变化的，为适应当代科技发展的既高度分化又高度综合的特点，通常只能是一个大致的方向，而更具体、更细致的专业目标是在研究生学习期间以至在将来走向社会后，才能最终确定下来。基于大学学习的专业性，大学生应深入了解自己的专业，包括专业的培养目标、就业面向、课程设置、毕业条件等，努力发掘所学专业的专业魅力，培养自己对本专业的热爱，形成对专业学科知识的浓厚兴趣。在此基础上，认真学习自己的专业知识，锻炼专业技能。

需要注意的是，大学学习的专业化并不是狭隘化，大学生在认真学习专业知识的同时，要清晰地认识到仅仅把眼光盯在专业领域内的人是很难学好专业的，因为在当今时期，学科的发展呈现出明显的融合趋势,各个学科之间出现了更多的交流和联系,有时,一个学科的专业知识是以另一个学科为基础的。同时,很多工作也体现出多学科的相互合作的特征,要成功完成某项工作,仅仅有单一某个专业的知识是不够的,需要其他相关专业的配合。因此,专业学习是大学生学习的主体方向,但不是学习的全部。当今社会对人才的要求是全面发展,除了专业素质外,还要求学生具有一定的人文素质、科学素质、良好的思想道德素质和心理素质,这些素质需要我们在相关领域的学习中去积累。

(三)多样性

学习的多样性是指在大学期间,学生可以通过多种渠道、多种形式进行学习。上课时间之外,大学生有较多时间自由支配,可以在学校为其提供的各种条件下进行广泛的学习。灵活多样的学习方式为大学生从不同层次、不同角度学习知识提供了宽广的平台,也为大学生在学习活动中发展自己多方面的兴趣、培养多方面的能力提供了条件。如学生可以通过选修课,学习自己感兴趣的知识;通过参加学生活动锻炼自己多方面的能力,例如通过参加演讲赛锻炼自己的语言表达能力;通过参加心理协会学习一些心理健康方面的知识等。学科交叉、文理渗透已成为时代发展的必然趋势。精通专业又知识广博的人,才是时代最需要的人才。

(四)探究性和创造性

大学阶段是个体智力发展的高峰期,智力上的成熟使大学生具备了深入思考的基础。大学学习具有研究和创造的性质。这主要表现在以下两方面。

第一,大学生的一些学习环节本身就是一种探索和创新,如对某一学科的学习已不是单纯对知识点的背诵,更重要的是,要掌握这门学科的研究方法,了解学科存在的问题,对某些领域能形成自己的思考和见解。再如专业论文写作。大学期间,论文写作是专业课程的一种重要考察方式,它需要学生认真确定课题和研究思路,通过调研和思考,分析和解决研究的问题,并提出自己对该课题的观点。

第二,一些课外学生活动也体现了探究和创造的特点,如航模协会的学生设计出更加精巧、仿真度更高的模型,环保协会的学生通过专业知识测量附近水域的污染情况等。

四、大学生学习的态度

学习态度是指学生对于学习的看法和情感以及决定自己行动倾向的心理状态。

(一)学习态度的类型

根据不同的标准,可以将学习态度分为不同的类型(表 4-1)。

表 4-1 学习态度的类型

不同的分类标准	类型	内容
根据对学习的认识程度进行分类	重视型	学生能较深刻地把握学习的重要性,有较远大的志向和抱负,学习认真、刻苦、有毅力
	轻视型	学生志趣不高,学习目的盲目,学习态度懈怠,易受外界干扰
根据对学习的情感体验进行分类	积极型	学生对学习充满兴趣和热情,具有适当的激情和良好的心境,对学习有积极的、肯定的情感体验
	消极型	学生对学习缺乏兴趣和热情,甚至感到厌倦和烦躁,产生消极的情感体验
根据对学习的行为倾向进行分类	主动型	学生总是主动地去汲取知识,思考问题,刻苦钻研,解决各种疑难问题
	被动型	学生往往被动地接受知识,满足于一般的理解水平,浅尝辄止,遇到困难就容易打“退堂鼓”

(二)学习态度的组成要素

学习态度的组成要素主要包括以下几方面(表 4-2)。

表 4-2　学习态度的组成要素

组成要素	内容
认识因素	指在学习过程中,学生对于学习目的、意义的看法
情感因素	指学生在学习活动中的情绪状态和情感体验
行为因素	指学生的学习行为倾向性的心理因素,即打算如何学习,如何达到学习的目的

(三)大学生学习态度的变化特点

心理学研究表明,态度一旦形成,就会有一定的稳定性,但它并非一成不变。随着态度形成的社会因素和个人因素的变化,态度也将随之有所改变。具体来说,大学生学习态度变化发展的特点主要包括以下两方面。

第一,学习态度趋于稳定。

第二,学习的主动性逐渐增强。

五、大学生的学习动机

学习动机是学习者将学习愿望转变为学习行为的心理动因,是发动和维持学习活动的内在力量。

(一)学习动机的类型

根据不同的标准,可以将学习动机分为不同的类型(表 4-3)。

表 4-3 学习动机的类型

分类标准	类型	内容
根据学习动机产生的条件进行分类	内部动机	学习的内部动机来源于学习者自身动力的驱使，学习的内部动机的作用较为持久，而且能够使学习者处于一种积极主动的学习活动状态
	外部动机	学习的外部动机的作用往往较为短暂，因此，如果学习者完全是被这种学习动机所推动的，那么学习活动也往往处于一种被动状态
根据学习动机在学习活动中所起的作用不同进行分类	主导性学习动机	在学习者的学习动机中必然有一种动机最为强烈、稳定，它制约着其他成分，决定着学习者的基本方向，被称为主导性学习动机
	辅助性学习动机	其他不占主动地位的学习动机则被称为辅助性学习动机
根据学习动机内容指向的时间不同进行分类	近景性学习动机	近景性学习动机是指向近期的，与学习者的学习活动和个人目标直接联系的动机
	远景性学习动机	远景性学习动机是与学习结果、社会意义相联系的动机，是社会的要求在学习者身上的反映

（二）大学生学习动机的特点

大学生的学习动机具有显著的特点，概括来说主要包括以下几方面。

第一，大学生受商品经济文化的影响，对个人利益的追求在学习动机中处于重要地位。

第二，男大学生更重视对个人利益和社会利益的追求，较少害怕失败；而女大学生更多的是避免失败，较少追求成功。

第三，在大学生的学习动机中，内部动机尤其是发展成才的需要始终占据首要地位，它对大学生的学习起到持久的推动作用。

第四，不同类型学校大学生的学习动机也有所不同。例如，学业任务相对较重的工科和医科院校的大学生求职进取心不是很重,他们更害怕失败;而军事院校的大学生则侧重社会取向和个人成就,对物质追求不是很迫切。

(三)大学生学习动机的激发

激发大学生的学习动机可以从以下几方面进行努力。

1.确立正确的优势动机

优势动机在学习活动中居于支配地位。只有首先确立正确的优势动机,才能把握一个人学习动机的实质和发展方向。

2.激发认知性动机和成就动机

认知性动机是指外界输入的信息与学习者已有的认知结构期望之间产生不一致时,为了消除这种不一致而产生的行为动机。从认知心理学的观点来看,人是一个主动的信息加工系统,具有强烈的好奇心,从外界环境不断探索和收集信息,并试图将这些信息纳入自己的认知结构之中。因此,我们可以利用这一特点,通过获取适量的信息,唤起对学习的兴趣。

成就动机是指激励着个体努力克服障碍、施展才能,为自己认为重要的或有价值的工作而乐意去力求获得成功的一种内在驱动力。成就动机由两种不同因素或相反倾向组成:一种称为力求成功的动机,另一种是避免失败的动机。我们可以发展自己的成就动机,来激发学习的动力。

3.适度调节学习动机强度

学习动机的强度有一个最佳水平,此时学习效率最高;一旦超过了顶峰状态,动机程度过强时就会对活动的结果产生一定的阻碍作用。因为动机水平过强,会造成人们内心处于过度焦虑和紧张的状态,以致干扰了正常的学习记忆和思维活动(图 4-1)。因此,大学生一定要注意适度调节自己的学习动机强度。

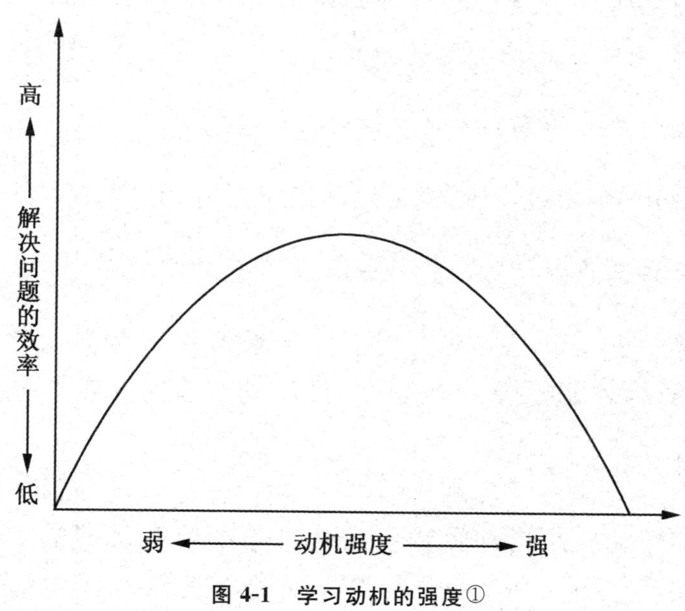

图 4-1　学习动机的强度①

4. 培养积极的学习情感

情感是态度的核心,因而把握学习态度,较为关键的是把握学习活动中的情感因素。培养积极的学习情感,可以包括以下几方面的内容。

第一,在学习活动中,大学生必须明确学习目的,培养合理正当的需要,以利于激发积极的学习情感。

第二,要学会用理智来支配情感,做情感的主人,以克服消极的情感,防止它们对学习活动产生不利影响。

第三,在学习过程中,我们既要保持和激发良好的情绪状态,又要通过学习活动形成和发展自己的情操,以更加理智、主动的态度投入到学习中去。

① 刘梅,刘静洋. 大学生心理健康教育[M]. 北京:清华大学出版社,2018:6.

第二节　实际情况:大学生学习指导与管理的主要内容和方法

一、学务指导

学务指导是学习指导与管理的重要措施之一。学务指导对指导者的业务素质要求更高,强调对学生的个别指导和针对性指导,强调学生本人的参与。学务指导工作具有其特殊性,这主要体现在以下几方面。

(一)学务指导的工作任务具有很强的针对性

学务指导是一项针对性很强的实践工作,整体而言,它随着学生所处的不同学习阶段有着不同的工作任务。

在一二年级,指导教师要做到以下几方面。

第一,介绍大学学习与生活的特点,使学生能够迅速适应大学的学习与生活。

第二,帮助学生了解学校各种可以利用的教学资源,引导学生充分利用这些教学资源积极、主动地学习。

第三,介绍学科和专业的教学内容、研究方向和发展前沿,使学生尽早了解相关专业的内容与发展方向。

第四,在充分了解人才培养方案及教学计划的前提下,尊重学生的兴趣和志向,对学生辅修第二专业给予建议和指导。

第五,在可能的情况下,安排学生参加一些学术活动。

到了三四年级,指导教师要做到以下几方面。

第一,尽可能地安排学生参加教学或科研课题研究,使学生在实践中接受系统的技能训练和科学素养的培养。

第二,尽可能地让学生参加学术和科技咨询活动,鼓励和引导他们扩大视野,活跃创新思维。

第三，在学生选择职业等问题上给予指导与建议。

(二)学务指导的工作方式在不同层次存在差异

学务指导可以分学校和学院两个层面开展工作，每个层面的工作方式都有一定的差异性。

1.学校层面的学务指导

学校层面的学务指导应从以下两方面着手。

第一，成立学习咨询中心，聘请有教学经验、熟悉教育学和心理学的专职人员或部分兼职人员，面向全校学生提供咨询服务。

第二，开设学习指导等专门课程，作为公共选修课供学生选修，不定期开设与学习指导有关的专题讲座。

2.学院层面的学务指导

在学院层面，可以成立学院学务指导工作领导小组，由分管教学的副院长、分管学生工作的副书记、各系主任以及有关教师组成。从事学务指导工作的专任教师每月至少有一次在商定的时间和地点与学生交流。交流的时间和地点每学期初由教师上报学院后，由学院统一公布并上网方便学生查询，同时可以通过电话和电子邮件随时对学生进行指导。学院要在新生入学时向本院学生提供关于专业设置、分专业培养方案和课程修读要求、学分要求、本院有关学生培养方面的政策和措施、毕业生就业去向和职业规划及其他有利于学生发展的指导性文字材料，便于学生提前做好学习规划。

二、学习技巧指导

(一)在学习中保持注意力

注意是心理活动对一定对象的指向和集中，注意力是大学生学习的重要能力。大学生要在学习中保持注意力就要做到以下几方面。

1.明确学习活动的目的和任务

拥有明确的目的性是引起人有意注意的重要因素。大学生在学习活动中,起主要作用的是有意注意,大学生对学习活动的目的和任务了解得越清晰,理解得越透彻,有意注意的自觉性和意志力就越高,完成任务的愿望也就越强烈。因此,大学生学习活动中,拥有明确的学习活动目的是第一步。

2.有意识地给自己一些外在压力

大学生注意力分散的一个重要原因是学习压力不足,在课程学习时,如果既缺乏关注课程的自觉性,又缺少一定的压力影响,则我们很难对该课程保持稳定的注意力。因此,在课程学习时,如果我们还没有对某门课程产生兴趣,那么我们应该有意识地给自己一些外在压力。

3.采取多样化的学习形式

单调而重复的刺激容易使人疲劳,活动变化的刺激能更好地吸引人的注意力。大学生在学习活动中,应有意识地运用多样化的刺激来保持注意的稳定性。如在上课听讲时,如果我们仅仅是听老师讲或看板书,过于单调的刺激会让我们很快出现注意力转移,而如果我们能够将看、听、说、写综合起来,即在上课听讲时把听老师讲、看板书、记笔记和积极发言结合起来,就有利于我们不断地通过刺激的转换保持课堂的新鲜感,从而有效地保持注意力的稳定。

(二)在学习中增强记忆力

在学习中增强记忆力的方法有以下几种。

1.阅读与重现相结合

记忆不是一个机械复述的过程,即不管什么内容,拿来就按照纸面上的汉字去记。遗忘规律告诉我们，遗忘会受到识记材料性质的影响，有意义的材料遗忘的慢。因此，在记忆过程中，我们应该努力理解识记材料的内容，而不是把它看作一个个汉字的累加。另外，教材翻了好几遍还是记不住的一个很重要的原因就是忽略了重现的过程。阅读是把书本打开不断强化对材料的印象，重现则是把书本合上，使学习材料的各个知识点在脑海里重新闪现。这样我们可以有效地把握对各个知识点的掌握程度，在下一次阅读时带有明确目的性，重点关注那些还不熟悉的领域。重现的方式很多，既可以是自己有意识地系统回顾知识点，也可以是同学之间相互提问或把自己对知识点的理解相互交流。

2. 及时复习

根据德国心理学家艾宾浩斯的研究，遗忘从学习之后很短的一段时间就开始，其进程是先快后慢，即学习之后最先的一段时间遗忘的速度最快，如果不及时复习，学习材料在学习完后一天之内将遗忘一大半。克服迅速遗忘的有效方法是及时复习，大学生每天所学的内容应在当天就进行复习，而不要等到学期结束后或一本单词书背完后再进行复习。

3. 记忆的方式要多样化

在记忆过程中，能够较好地集中注意力，是保证记忆效果的前提。心理学研究表明，富有变化的刺激能更好地吸引人的注意力，所以，要努力设计多样化的记忆方式，以防止单调乏味的刺激影响记忆效果。

4. 学以致用

大学生在学习中，有意识地应用所学知识是我们对知识加深印象的最好方法。当我们在生活中应用知识时，知识就会以更加鲜活和更富价值感的方式呈现在我们面前，使我们更有意识地关注和理解它，对它的印象也更加深刻。

(三)认真读书

读书,是人类获取知识的一种重要手段,读书的基本要求包括以下几方面。

1.要有选择地读书

学海无涯,人生有限。世界上的书浩似烟海,一个人终身苦读,所读的书只能是沧海一粟。选择书籍一靠老师指点,二靠自己筛选。

2.要有目的地读书

不能今天借到一本书就看,明天买到一本书又去读,毫无目的,这样对于学习不仅无帮助,反而还会影响学习。

3.处理好精通和泛读的关系

读书时,有些书(包括有些书阐述中心问题的部分)要精读,真正读懂,而有些书仅泛读,浏览一遍,略知其大意即可。

4.学会做读书笔记

读书时勤于动笔,养成经常记笔记的习惯,既有利于加深理解书中的内容,更有助于训练、提高自己的思维能力和文字表达能力。

三、课余学术科技活动指导

大学生课余学术科技活动的主要形式有大学生论坛、专家讲座、大学生优秀科研成果评奖、大学生课外科研立项及科技论文报告会等。目前,各高校都非常重视开展大学生的学术科技活动,以鼓励在校大学生参加科研活动,更多地接受科学研究的基本训练,培养学生的创新精神和实践能力,促进浓厚的学术科技氛围的形成。一般来说,课余学术科技活动指导应做到以下几方面。

第一,高校应成立大学生科技活动领导小组,负责全校学生课余学术科技活动的规划、领导、组织、协调。

第二,成立学生科技活动专家指导委员会,负责各类课余学术科技活动的立项、指导和评审工作。

第三,学校应设立"大学生科技创新基地",建立"大学生课余科研基金"等,引导和支持学生的课余学术科技活动,锻炼和培养学生的动手能力和创造力。

第四,有关部门和学院在科技活动领导小组的指导下,应共同组织和支持开展这项工作。

第五,校团委和各院系学生工作组也应发挥积极作用,组织开展丰富多彩的学生课余学术科技活动。

第三节　自我约束:大学生学习的自我管理

对于大学生而言,学习是他们最重要的一个生活内容。然而由于大学环境的改变和大学生自身的各种问题,许多大学生在学习上都出现了一些问题,这些问题的出现都会对大学生的心理健康产生危害,因而必须引导大学生在学习上进行自我控制和自我管理,以帮助他们更好地学习与生活。

一、学习方法不适应的自我管理

(一)学习方法不适应的表现

大学生对大学学习的不适应主要是对大学学习方法的不适应,表现在学习的心理条件具备但心理准备不足。

一方面,学生从中学到大学的一个显著变化就是学习的依赖性减少,自主性开始,从别人告诉他们应该学什么、怎么学到自己做决定,这种学习的转变使得一些大学生很不适应。

另一方面,所有考上大学的同学在过去十几年的学习过程中,差不多都有一套适合中学学习和自身特点的学习方法,但由于大学的学习特点和方法与中学相比发生了许多变化,这套方法并不一定适用于大学。

(二)学习方法不适应的管理

1.努力培养自己自学的好习惯

与中学阶段相比,大学阶段的学习更多的是需要大学生自学,因此,大学生在进入大学的那刻起,就要努力适应大学的学习环境,努力培养自己良好的自学习惯。

2.学会管理时间

大学生在大学阶段一定要注意学会管理好自己的时间,具体应做到以下几方面。

(1)学会时间分配,提高时间使用效率

大学生每天都有很多事要做,其中包括很多学习任务需要完成。但是每天面对的这些事情对大学生而言有着不同的重要性,有轻重缓急之分。因而,学会将任务按一定的标准加以排序,再统筹计划分配时间逐一完成,可以帮助大学生更有效地利用时间。

(2)了解和掌握自己的“生物钟”,充分利用最佳的时间进行学习

根据学习者对不同学习时间的偏好,可将学习者分为以下几种类型。

①清晨型

清晨型的学习者在清晨头脑清醒,反应敏捷,记忆和思维效率高。把需要记忆的知识放在清晨记诵,这样往往收到好的效果。

②上午型

上午型学习者在四个时间段中的上午学习效率最高。

③下午型

下午型学习者偏爱下午学习，他们在下午时的学习效率最高。该类型的学习者较少，但确实存在。

大学生一定要了解和掌握自己的"生物钟"，充分利用最佳学习时间，提高自己的学习效率。

二、学习动机不当的自我管理

（一）学习动机不当的表现

学习动机反映着学习者的某种需要，决定了学习的进程，是影响学习效果的重要因素之一。但学习动机与学习之间并不是一种正比例关系。心理学研究表明，当动机强度处于中等水平时学习效率是最高的。动机太弱，不能激发其学习的积极性；而动机太强，则会导致学习者情绪紧张、过度焦虑，也会影响学习效果。在大学生学习中，学习动机过强和学习动机缺乏这两种现象都存在，学习动机缺乏更普遍些。

1. 学习动机过强

学习动机过强的学生往往有以下表现。

第一，学习动机过强的学生常把分数和名次放在很重要的位置上，这些同学争强好胜，害怕失败，看到别人超过自己就不高兴，嫉妒心强。

第二，学习动机过强的学生由于长时间超负荷学习，压力巨大而导致心理脆弱，情绪上难以松弛，常伴随着学习焦虑和考试焦虑现象。久而久之，还容易产生头痛、头昏、失眠多梦等许多身心疾病。

第三，学习动机过强的学生对自己要求过严，容易产生自责。

这些学生通常不满意自己的现状,总觉得自己应该做得更好,即使成功也并不能给他们带来多少喜悦。

第四,学习动机过强的学生往往把学习看成是至高无上的。从不或者极少将时间花到文体活动或娱乐中,在学习中不怕苦不怕累,对待学习到了废寝忘食的地步,长此下去,将会影响一个人正常人格的发展,影响身心健康。

2.学习动机缺乏

学习动机缺乏的原因有三个方面。

(1)本人的主观原因

一个消极对待学习、学习意志薄弱的同学很难有强烈的学习动机;一个对专业不感兴趣并抱负面态度的同学也不会有强烈的学习动机。可见,学习动机会受到学生本人的情绪、态度、兴趣、精力、价值观及健康状态等的影响。

(2)社会价值观

在社会价值观的领域中出现的一些不利于高职学生学习的观念,如拜金主义、知识贬值、分配不公、读书无用等。如果高职学生对这些观念缺乏正确的认识,将影响他们对知识的认识,导致学习动机缺乏。此外,还有很多学生的人生理想缺乏社会责任感,导致学习的标准要求是学业的最低要求,只要达到学校要求的最低限度,能顺利毕业就行了。

(3)对学校的满意度

学校是学生学习的最直接环境,高职学生的学习动机会受到学校的校风校貌、校规校纪、师资力量、教学方式等的影响,如果对这些不满意,就不能激起高职学生的学习兴趣,导致学习动机缺乏。

(二)学习动机不当的管理

1.学习动机过强的管理

第一,不要过于强求自己,要把奋斗的目标确定在自己能力所及的范围之内，而且可以根据实际情况合理调整目标。

第二，制订符合自己实际情况的阶段目标，脚踏实地、一步一个脚印地完成。

第三，把关注的焦点放在学习本身上，不要总是想着结果的成败，只有用平和的心态进行学习才会取得事半功倍的效果。

2.学习动机缺乏的管理

(1)强化学习动机

大学生的学习动机具有以下几个特点。

①多元化

据我国对部分大学生的抽样调查表明，大学生的学习动机分为报答型的动机(报答父母、不辜负老师的苦心)、自我实现型动机(为了自己的荣誉、自尊心、求知欲等)、谋求职业型动机(谋得一份合适的工作、获得满意的生活等)和事业成就型的动机(国家的命运、民族振兴的使命感、责任感、义务感)，而谋求职业型动机和事业成就型的动机者占多数，说明我国大学生学习动机主流是健康、积极向上的。

②间接性

大学生的学习动机逐渐由追求分数、赞赏和奖励转向求知、探索、成就和创造，注重自身能力的培养。

③社会化、职业化

大学生在刚入校时学习的志向带有较大的盲目性，随着对所学专业的学习的深入，逐渐培养学科兴趣，对社会人才市场需求、用人单位的用人标准的了解日益加深，社会化、职业化的学习动机逐渐巩固。

针对大学生学习动机的特点，应该启发他们对社会需要、社会期望形成正确的认识，这样才能激发学生正确的学习动机。

2.培养学习的兴趣

兴趣是学习的重要动力，大学生要想在学习的过程中充分发挥自己的积极性与主动性,必须努力培养自己的学习兴趣。

三、考试焦虑的自我管理

(一)考试焦虑的表现

焦虑是一种复合性情绪状态,包括焦虑反应、过度焦虑和焦虑症三个由轻到重的层次。在神经内分泌功能上,焦虑还可以表现为心情紧张、恐惧、提心吊胆、头晕、心悸、不安、出汗、肢端震颤、尿频尿急等。考试焦虑是指因考试压力引起的一种心理障碍。考试焦虑在大学生中较为普遍。考试焦虑的产生是内因和外因相互作用的结果。外部因素来自于学校、家庭和社会;内部因素与个体的个性、抱负、早年经历、认知水平和心理承受能力等有关。所以,克服考试焦虑,有助于大学生对考试持有正确的态度,提高大学生对学习的积极性和主动性。

(二)考试焦虑的管理

大学生可以通过以下几点来调节自己的考试焦虑情绪。

1.消除错误观点

许多大学生认为别人在考试中都会轻松应对,只有我比较紧张,这是一种非常错误的观点,大学生一定要消除这一观点。其实面对大型的有着相当影响的考试,参加考试的人都必然会紧张,这是人的正常心态。

2.正确认识紧张和焦虑

紧张和焦虑是人面对重要的、紧迫的事情时出现的一种正常反应,有时并不一定是坏事,适当地紧张和焦虑有助于促进我们积极迎接考试并取得较好的成绩。

3.寻找一些缓解自己紧张情绪的技巧

大学生可以寻找一些小技巧来缓解自己的紧张状态。如分散自己的注意力;咀嚼口香糖,把精力放在咀嚼这一动作上;拳头握紧,然后再放松;做一做深呼吸等。

第四节　注重发展:大学生学习能力的培养与开发

进入大学后,大学生的学习环境、学习内容、教学方式与中学相比发生了明显的变化,如何培养大学生的学习能力和开发大学生的学习潜能成为全社会共同关注的问题,下面将对其方法进行简要阐述。

一、培养学习兴趣

大学生只有对学习产生浓厚的兴趣,才能自觉地、主动地去学习,因此,大学生要想促进自我学习的发展,必须从各方面培养自己对学习的兴趣。具体来说,大学生培养学习兴趣可从以下两方面入手。

第一,将自己所学的专业与社会生活结合起来。

第二,结合自身的实践情况,制订科学合理的学习计划。

二、建立正确的心理认知

目前,社会深入变革,经济高速发展,学习和生活上的竞争日趋激烈。面对这些状况,要培养学习能力,就必须建立正确的心理认知。对于大学生来说主要需要面对以下三个方面建立正确的心理认知。

(一)对学习的心理认知

大学生对学业认知的心理状态直接关系到其学习的积极性和主动性。当前,部分学生的学习目的是掌握某种专业知识,方便将来就业。还有部分学生通过师长和朋友的建议,选择学校和专业,没有明确的目标和职业规划。这种在学习上的认知偏差导致学生缺乏学习热情,学业上难取得更高成就。建立正确的学习心理认知,就是要树立远大目标,深入了解社会,将个人理想与社会需要结合起来。

(二)对挫折的心理认知

挫折是人们有目的的活动遇到无法克服的障碍时产生的情绪反应。一个人在成长的过程中不可避免地会遇到挫折,对于挫折,有的人自暴自弃,从此一蹶不振,而有的人则将挫折看作是自己人生成功的助力,积极应对挫折,不断进取,从而取得成功。作为大学生一定要对挫折有一个积极的认知,努力应对生活中出现的挫折。

(三)对人际关系的心理认知

建立良好的人际关系是学生全面发展的重要条件。大学生的交往面更宽,需要处理各种关系。想要建立良好的人际关系就必须懂得,人际交往不只是一种沟通应对的技巧,更是一种自己与他人建立关系的一种生活态度。现实中确有部分学生由于自卑、妒忌等心理造成人际关系紧张,甚至逃避集体生活。要解决这个问题需要使学生确立正确的人际关系心理认知,使其以豁达的人生观看待社会、理解他人。这是生活的需要,也是大学生成功走向社会的需要。

三、制订适当的学习目标

培养良好的学习习惯要从制订适当的学习目标入手。学习目标的制订要符合自身实际情况，包括个人的志向、兴趣、性格特征等，还要结合学生未来职业生涯的规划，考虑所学专业和社会需求等要素。具体可以考虑以下几个方面。

第一，自身优势及性格特征。

第二，所学专业与社会需要。

第三，人生理想和个人兴趣。

四、科学有效地管理时间

（一）设置时间模块

模块是一个标准单元。时间模块就是按活动类型将时间进行归类，以便于人们安排活动、达成目标。大学生要有效管理时间，设置时间模块表是提高学习效率的好方法（表 4-4）。

表 4-4　时间模块表①

时间模块	具体活动	时间段
工作学习时间	从事相关工作和学习的具体活动	每日 8 小时及其他碎片化时间
人际交往时间	家庭、学校或是社会与好友相聚、因某事相关的与他人的接触活动	工作学习以外的时间
休闲娱乐时间	进行锻炼、阅读、旅游等个人喜好的活动	工作学习以外的时间
生理需求时间	饮食、睡眠等出于个人生理需求的活动	22 点左右至凌晨 6 点左右
静思独处时间	个人暂时脱离社会独处、冥想等活动	工作学习以外的时间

大学生只有善于利用时间模块表，才能合理安排好时间，也才能拥有充沛的精力和高效率的学习生活。

① 肖淑梅，彭彤．高职大学生心理健康[M]．北京：机械工业出版社，2016：182．

(二)合理规划时间

管理学家科维将工作按照重要和紧急两个不同的程度进行划分,分为四个“象限”(图 4-2)。

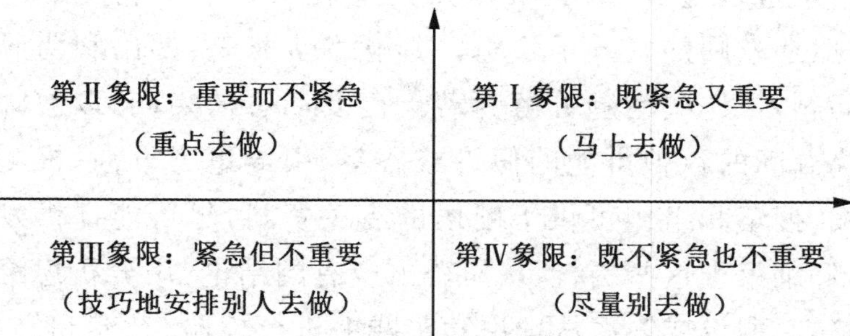

图 4-2　时间规划象限图

从以上象限图可知,人的精力是有限的,面对众多目标应分出轻重缓急,合理规划时间,优先考虑重要的工作。大学生要想培养自己的学习能力,就必须要合理规划自己的时间。

五、掌握科学的学习方法

学习方法是大学生学习活动的一个重要构成部分,大学生只有掌握科学的学习方法,才能有效地学习,具体来说,科学的学习方法主要包括以下几种。

(一)模仿法

模仿法是按照一定的模式去进行学习的方法。这一方法往往被大学生们所忽视,尤其是在强调创造能力培养的今天,更是如此。在许多情况下,常常是先模仿后创造的,模仿法在学习的很多方面都有作用。大学生的学习,在很大程度上都是自觉或不自觉地通过模仿进行的。可以说,模仿是获得基础知识的主要手段。当然,我们不能单纯重复别人的思维模式,还应该培养独立的创造性思维的某些良好习惯,如果能把这些都模仿到手,那将会大大提高学习效率,而且会终身受益无穷。

(二)发现法

发现法的主要要求在于发挥学习者的主动性,把学习过程作为对信息进行选择、替换和应用的过程。大学生利用发现法学习,一般在教师的指导下进行。其基本步骤是:提出和明确感兴趣的问题,把这些问题分解为若干需要回答的疑问,以教师提出的解决疑问的各种可能的假设或答案,引导思考方向,推测出各种答案,搜集和组织可供下断语的有关资料,尽可能提供发展的依据,仔细审查这些资料,从而得出应有的结论,用分析思维去证实结论,对假设或答案从理论和实践上进行检验、补充和修正,最后使问题得到解决。

(三)试误法

试误法为美国心理学家桑代克所首创。他认为,在学习过程中,最初总要经历一些错误尝试动作,以后随着不断的反复,错误的动作逐渐减少,成功的动作逐渐增多,最后使获得完全成功。利用这一方法学习,一方面要开动脑筋,积极思维,展开想象,大胆假设,认真验证;另一方面,也要虚心求教,严肃认真,从而尽可能缩短试误过程,以收到事半功倍的效果。

(四)SQ3R 学习法

SQ3R 的全称是"Survey、Question、Read、Recite、Review",即浏览,提问、阅读、背诵、复习。这是目前在美国大专院校盛行的并且行之有效的学习方法,是帮助系统学习的一种辅助手段。这一方法分为五步。

1. 浏览

先不要忙着一章接一章地去读所想读的材料,而是先弄清所读材料的目的,迅速浏览全书,以便对整个概貌有所了解。

2. 提问

浏览自己准备细读的那些章节时,要认真琢磨其中的某些观点,并且把它和已经掌握的观点相对比,相联系,并随手记下所想到的问题。

3. 阅读

通常要求读得慢而透彻。大多数好的教材,每一章都有标题和副标题,阅读时要记住,没有大小标题的,自己应概括地写出。

4. 背诵

这里的背诵,不是逐字逐句地死记硬背,而是在理解的基础上把有关章节的中心思想能提纲挈领地复述出来。当然,也可把某些极其重要的东西背诵出来。

5. 复习

复习不应被看作仅在考试前才去做的事情,对需要长期记忆的材料,必须反复复习。

(五)整体学习法与部分学习法

整体学习法是指将学习材料作为一个整体来进行学习,在学习过程中,将学习材料从头至尾反复学习,以获得对材料的总体印象和了解。

部分学习法是指将学习材料分成几个部分,每次集中学习其中的一部分。对每个具体的部分的学习,应当根据其难易程度的不同,具体安排学习时间或次数。

在教学实践中,将上述两种学习方法结合起来使用,往往可以起到更好的学习效果。

(六)集中学习法与分散学习法

集中学习法是指较长时间地进行学习活动,学习的次数相对少一些，一次学习时间的长短取决于所学习材料的性质及其他因素。通常情况下，集中学习法更适合于比较复杂难懂的材料，这样可以保证学习者集中注意力，有利于理解并掌握那些抽象难懂的材料。

分散学习法是指将学习时间分成几个阶段，每学习一段时间就稍作休息。相关研究表明，假如分散学习的时间不是太短，这种方法是较为有效的。至于每次分散学习的时间多久为宜，则要根据学习材料的性质以及学习者个人的具体情况而定。

六、掌握记忆技巧

（一）科学识记

识记是记忆过程中的第一步，是保持、再认和回忆的前提。良好的记忆往往开始于科学的识记。识记的目的是影响识记效果的重要因素。识记目的越明确、越具体，识记效果就越好。因此，在识记前，对自己要识记什么样的知识，这些知识要识记到什么程度等要做到心中有数。

（二）培养追忆能力

追忆是人们在一定的目的下，自觉采用一些回忆的方法，并需要付出一定意志努力的回忆方法。培养追忆能力的目的是可以让大学生及时进入追忆的准备状态，并为追忆指明方向。追忆方法一般包括联想追忆、双重提取追忆（即借助表象与语言的双重线索）以及再认追忆等。此外，在追忆的过程中，因为思想高度集中，情绪容易紧张，使原本知道的东西一下子想不起来，遇到这种情况时，就需要利用自己的意志力来克服紧张情绪，排除其对追忆的干扰。这也要求大学生加强对自身意志力的锻炼。

（三）有效组织复习

正所谓“温故而知新”，组织识记后的复习可以有效减少遗忘。同时,复习效果的好坏并不机械地取决于复习的次数,而主要在于复习方法的正确性与有效性。

(四)合理利用外部记忆手段

学会做读书笔记不仅可以更好地保持记忆内容,而且也是提高学习效率的有效手段。除了读书笔记,还有如上课时记课堂笔记,读书时写笔记、记卡片和编提纲,有时还可将需要记忆的内容存入计算机等方式来保持所要识记的内容。

七、提升创新性思维

创新性思维是指重新组织已有的知识经验,提出新的方案或程序,并创造新的思维成果。大学生是具有较高智力水平的人群,他们思想活跃,对各种事物充满好奇心和探索欲,具有创造力的潜在优势。作为一个大学生,在高校特殊的氛围里接受着专业而系统的学习,逐渐拓宽了视野和生活阅历,这对于提高大学生的创新性思维是有很大帮助的。大学生提升创新性思维的途径主要包括以下几方面。

(一)培养知觉思维

直觉思维是用现成的判断,不采用任何逻辑论证的形式,迅速地对问题的答案做出合理的猜测、设想或突然领悟。直觉思维虽然只产生猜测,但是它能推动人进一步用分析思维来检验猜测。因而,大学生一定要培养自己的直觉思维,以提高自己的创造性。

(二)突破常规思维

在问题情境中,每一种物体或工具都有它的固定功能,一种功能解决一种问题。但问题情境很复杂,物体或工具与解决问题所需要的条件有着新的关系时,大学生必须改变物体或工具固有的用途来适应新的需要。另外，在思考问题的时候，大学生应适当改变刺激物在时间或空间上的排列，以利于解决问题。

（三）培养独立思维的习惯

思维活动是从产生或提出问题开始的。学习知识中积极而独立思考极为重要，“学而不思则罔，思而不学则殆”。因此，大学生要培养独立思考的习惯，要从小事做起，从眼前做起，形成自信。同时也不排除吸取他人之长，补自我之短。

（四）发展全面思维的品质

思维的基本品质由思维广度、思维深度、思维灵活性和思维独立性所组成。它们互相区别，又互相联系，作为一个整体，在大学生思维能力体系中相辅相成地发挥作用。

（五）积累深入思维的经验

独立地提出问题与分析问题或提出假说与验证假说都和人的知识和经验的积累程度息息相关。它可以使人产生丰富的联想，使思维灵活而敏捷、迅速而果断。这要求我们将书本知识同实际活动、将理性认识同感性经验结合起来，并养成“凡事问一个为什么”的思维习惯、有条理有依据的思维习惯、一问多思以及求异思维的习惯。

第五章　推动学生成长：大学生的人际管理与引导

事业成功、生活幸福是所有人的奋斗目标。当然，每个人的价值观不同，对于成功和幸福的理解也不相同，但是有一点是共同的，那就是取得成功、获得幸福的基本条件首先是和谐的人际关系。纵观社会发展历程，大到社会、国家、民族，小到单位、企业和社会组织，再到家庭，如果人与人之间关系融洽和谐，社会就会进步，国家就会昌盛，民族就会兴旺，事业就会成功。人是社会关系的总和。一个人所具有的社会关系，在很大程度上决定了人的社会价值。成长成才是大学生发展的主线，而成长成才的过程，既是个体不断学习、选择、提高的自主性过程，也是个体不断认识、适应、推进社会发展的社会化过程。人的社会化是在社会实践和交往中实现的，良好的人际关系可以使大学生的交往范围不断扩大，交往内容逐渐深化，交往形式日趋增多。这样大学生在交往中能更充分地学习生活技能，获取更多信息，并能及时校正自己的成才方向，为步入社会做准备。本章就大学生的人际管理和引导的相关问题进行探讨。

第一节　理论基础：人际关系与人际交往的基本内涵

一、人际关系

所谓人际关系是指在人们的物质交往与精神交往过程中发

生、发展和建立起来的人与人之间的关系。从广义上看，人际关系包括人与人之间在交往活动中所发生的一切关系，如政治交往关系、经济交往关系、思想交往关系、情感交往关系等。从狭义上看，人际关系主要是指人与人之间在交往活动中所形成的心理关系和相应的行为表现。不论是从广义看还是从狭义看，人际关系作为人与人之间的关系，其本质是统一的。

（一）人际关系的特点

人际关系具有社会性、情感性、复杂性、历史性的特点。

1.社会性

社会性是指人际关系是人与人之间的关系，属于社会关系范畴。强调人际关系的社会性特点，是为了区别于人与自然的关系。人际关系是人们在物质交往和精神交往中形成的人与人之间的关系，既然是人与人之间的关系必定是社会关系，因此，人际关系不同于人与自然的关系，具有社会性特点。

2.情感性

情感性是指人际关系是以情感为主要基础的，以肯定或否定态度为主要表现形式的人与人之间的关系。强调人际关系的情感性特点，是为了区别于其他社会关系。社会关系包括诸多方面，如经济关系、政治关系、思想关系、法律关系等。作为社会关系重要组成部分和表现形式的人际关系与其他社会关系的重要区别，就在于人际关系具有突出的情感性。在社会心理学中，情感被归结为两大类：一是结合性情感，即使人们相互结合的情感。在此情感基础上形成的人际关系都程度不同地带有相互吸引的特征和性质，如热情、友谊、喜欢、亲密等。二是分离性情感，即使人们疏远和排斥的情感。在此情感基础上形成的人际关系都不同程度地带有相互排斥的特征和性质，如冷淡、嫌弃、厌恶、憎恨、敌对等。人际关系反映的是人们在交往中需要能否得到满足的心理状态，反映的是人们对在物质和精神交往中产生的自身与他人之间关系的一种肯定或否定的态度。

3. 复杂性

复杂性是指人际关系是贯穿于人的全部交往活动之中的关系。强调人际关系复杂性的特点，一是为了区别于其他社会关系的覆盖范围。交往活动覆盖了人的物质生活、精神生活及其始终，以交往活动为基础的人际关系也必然涵盖经济、政治、思想文化等各个人们生活的领域及人的活动的始终，因而较之主要集中于某一生活领域的社会关系，如经济关系、政治关系和思想关系等；较之其他可能不贯穿于人的生活始终的社会关系，如到了老年有可能淡出政治关系等，人际关系具有复杂性。二是为了区别于其他社会关系的主体。人际关系基于交往活动，人们有多少种交往活动就会有多少种人际关系。同一个主体相对于不同的关系、不同的位置会“扮演”着不同的角色，人际角色不同产生的人际关系也就不同，因而使得人际关系呈现出复杂性。

4. 历史性

强调人际关系的历史性特点，是为了突出人际关系较之其他社会关系更具动态性。交往活动是人的生存和生活方式，在人的一生中随着所处环境的变化，人们的实践活动在变化，人们的交往活动也在变化，因而人际关系也在变化。在人的成长发展的不同阶段，人际关系的状况亦不相同，呈现出由窄到宽、由低到高、由传统到现代、由不自觉到比较自觉的发展过程。由于人际关系贯穿于人的生命的始终，所以其历史性特点较之其他社会关系会更加凸显。

（二）人际关系的结构与功能

1. 人际关系的结构

人际关系的结构，既受人际关系的本质和特点决定，又反作用于本质和特点，决定着本质和特点能否实现。

人际关系由三个基本要素构成，即交往主体、交往媒介、交往环境。三个要素是人际交往得以进行不可缺少的因素。

交往主体包括从事交往活动的双方。交往活动只有在双方能够互相满足对方需要、相互认可、接纳的基础上才能正常地开展，缺少任何一方的接受、认可交往活动都难以顺利进行。因此，人际交往双方的关系是主体与主体的“主体间”关系，而不是一方将另一方作为物、作为满足自身需要的工具的“主客”关系。

所谓交往媒介是主要包括交往动机、交往内容、交往载体、交往方式、交往环境等。作为主体的人进行交往都是由一定的动机推动，都是为了达到一定的目的。交往动机是人们进行交往因而也是人际关系得以形成的直接根源和推动力。人际交往不能孤立地、抽象地存在，必须贯穿在人们的各种交往活动之中才得以实现。人际交往赖以存在的各种交往活动就构成了交往的内容。交往内容是人们进行交往，因而也是人际关系得以形成的基础。人们从事的交往活动是多种多样的，有物质交往和精神交往，经济交往、政治交往与文化交往，日常交往与非日常交往，群众交往、家庭交往、亲朋交往等。交往载体是人们进行交往因而也是人际关系得以形成的保障。人们进行交往的载体是多种多样的，有实物、语言、文字、电磁波、网络等。交往方式是人们进行交往因而也是人际关系得以形成的保证。人们进行交往的方式多种多样的，有面对面的直接性交往与借助工具的间接性交往，有以公务关系为主的正式交往和以私人关系为主的非正式交往等。人们进行交往的类型也是多种多样，有血源型、地缘型、业缘型、趣缘型、合作型、竞争型等。交往环境是人们进行交往活动必不可少的条件，其包括大环境和小环境两个方面。人们的交往都离不开一定的社会大环境，大环境的状况决定了人们交往的一般性质和特点。人们的交往也离不开社会的小环境，包括单位环境、家庭环境、群体环境等。小环境是人们交往的直接环境，其决定着人们交往的具体性质、特点、形式和方法。

人际关系是一个系统，构成该系统的三个要素之间相互联系、相互作用，成为一个有机整体。人际关系构成要素之间的关系用图 5-1 表示。

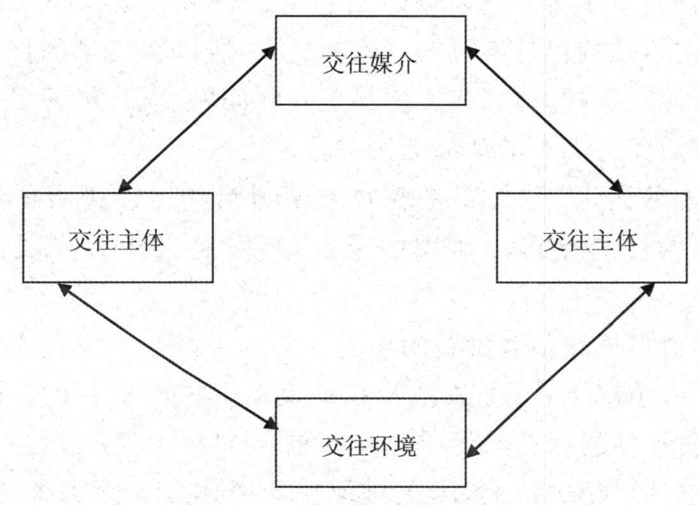

图 5-1 人际关系构成要素关系图①

2. 人际关系的功能

既然人际关系是人们之间的关系，所以其功能也体现在人的生活的诸方面，即人的个体生活、群体生活与社会生活三个方面。

(1)对个体存在和发展的功能。人际关系是人与人之间的关系，所以其功能首先体现在对个体存在和发展的促进作用上。第一，促进个人身心健康。每个人都具有生理和心理两个方面，这两个方面是相互联系、相互作用不可分割的统一体。在这两个方面中，心理居于主导地位。因为人的生理即身体状况在很大程度上取决于心理的状态，所以人际关系促进个人身心健康，主要是通过促进个体心理健康进而达到促进身体健康。第二，促进个人成长发展。人是社会的存在物，人的本质在其现实性上是一切社会关系的总和。不仅人的存在而且人的成长和发展都离不开社

① 王秀阁，等. 大学生人际交往理论与方法[M]. 北京：人民出版社，2010：63.

会。人的成长发展的过程就是个体社会化的过程。良好的人际关系是促进个人社会化、促进个人成长发展的不可缺少的条件。因为个人的社会化过程就是个人受教育的过程和学习的过程,不论是教育还是学习都需要通过信息的传递来实现。由于教育与学习的主体及教育与学习的对象都是人,所以在信息的传递过程中,不管使用何种方式,其实质都是人际间的交往,离开了人际关系,教育活动与学习活动都无法进行。

综上所述,人际关系是教育与学习活动得以进行的重要基础,是人的社会化得以实现的重要条件,是人成长发展的重要途径。

(2)对群体存在和发展的功能。人际关系是人与人之间的关系,在多数情况下,人际关系是在一定的群体中进行的。因此人际关系对群体的存在与发展也具有重要作用。第一,增强群体凝聚力。群体凝聚力的高低,关键取决于群体内人际关系的状况。如果群体内成员之间彼此尊重、相互补台、相互谅解,群体的凝聚力必然就高。反之,如果群体内成员之间彼此猜疑、相互拆台、关系紧张,那群体的凝聚力必然就低。因此,建立良好的人际关系能增加群体的凝聚力、提高群体的效率。第二,形成群体合力。一个群体要能产生出大于个体力量之和的“新的力量”,而不是等于或小于个体力量之和的“等力量或负力量”,关键在于群体内个体之间的关系。如果群体内个体之间具有良好的人际关系,不仅能使群体消除内耗力,而且能使各个个体扬长避短,相互间取长补短,从而产生出大于个体力量之和的整体合力,使群体达到发展的最佳状态。

(3)对社会存在和发展的功能。人际关系的本质是社会关系,个人是构成社会的基本细胞,因此人际关系对社会的存在和发展也具有重要的作用。第一,优化社会心理氛围。社会心理氛围良好,会使人感到心情舒畅、积极乐观、有归属感。反之,社会心理氛围恶劣,会使人感到压抑、孤寂、苦闷,甚至造成心理变态。而良好社会心理氛围营造的重要因素是人际关系。社会中人与人之间的关系和谐、融洽,社会心理氛围必定健康;社会中人与人之间关系紧张、对立,社会心理氛围必定恶劣。第二,促进社会和谐。和谐社会是人们追求的目标,也是人们生活、工作的良好环境。社会是人与人之间关系的总和。所以,人际关系的和谐是社会和谐的基础。

(三)人际关系的影响因素

影响人际关系的因素错综复杂。概括而言可以分为两大方面,一方面是客观因素;另一方面是主观因素。

1.影响人际关系的客观因素

人际关系来源于人们的实践活动,人们的现实实践活动从来都是历史的、具体的,即在一定的物质和精神条件下进行,并受到这些条件的制约。交往活动是人们的一种实践活动,也必定是在一定条件下进行的。因而,在此基础上形成的人际关系也必定离不开一定的自然条件和社会条件的影响。自然条件会影响人际关系的状况,但最主要的是社会条件的影响,社会条件是影响人际关系状况的决定性因素。

由于人际关系涉及人的生活的各个方面,所以影响人际关系的社会因素是一个复杂的系统,其可以分为宏观社会因素和微观社会因素。宏观社会因素主要包括生产力水平、社会制度、思想文化状况;微观社会因素包括群体状况、空间距离、交往频率。

2.影响人际关系的主观因素

人际关系来源于人们的实践活动。实践活动从来都是属人的、能动的活动。因此建立在此基础上的人际关系,也不会是完全被动的,而是能动的主体之间的关系。既然如此,人际关系必然要受到主体自身因素的影响。影响人际关系的主观因素主要包括人的生理状况、心理状况、价值取向和交往能力。

（四）人际关系心理效应

社会心理学表明，人生活在社会中，每天都需要与他人进行交流，在交流的同时，我们会对他人形成这样或那样的印象。这种印象有时会与真实情况有所差别。这主要是一些“效应”在作怪。人际关系心理效应主要有首因效应、近因效应、晕轮效应、刻板效应、定势效应。

1. 首因效应

首因效应又称第一印象，是指初次对人产生的知觉印象往往最为鲜明和深刻，所以会对以后的认知产生很大的影响。初次见面时，对方的仪态、表情、着装、谈吐等形成了我们对对方的第一印象。第一印象一旦形成，就常常使人在人际交往中“先入为主”，要改变它很难，只有反对信息足够强大时，才可能使原有印象改变。首因效应是一种客观存在的心理现象，是不可避免的，它对人的印象的形成起着决定性的作用，并且在很大程度上决定交往是否继续，并会对以后的交往质量和交往结果产生影响。所以大学生要重视人际交往中的首因效应，在交友、招聘、求职等社交活动中，注意仪表，衣着整洁、得体，同时应注意自己的言谈举止，提高自己的交谈技巧，掌握恰当的社交礼仪。尽量给别人留下良好的第一印象，为日后的交流打下好的基础。

2. 近因效应

所谓近因效应，是指在多种刺激相继出现的时候，印象的形成主要取决于后来出现的刺激。第一印象产生的“首因效应”，一般在交往初期，即双方还彼此生疏的阶段，特别重要，而在双方已经十分熟悉的情况下，近因效应开始发挥作用。也就是说在与陌生人交往时，首因效应起的作用较大，而与熟人交往时，近因效应的作用则较为明显。比如平时两个人关系很好，因为一件小事，就反目成仇，觉得对方一无是处，平时积累下来的深厚友谊早已被抛在九霄云外。而多年不见的朋友，在自己的脑海中印象最深的，往往是临别时的情景。近因效应提示我们，在人际交往过程中，要认真对待每一次交往，重视好的结尾，否则再好的第一印象也会功亏一篑。

3.晕轮效应

所谓晕轮效应是指人们在对别人做评价的时候，常喜欢从或好或坏的局部印象出发，扩散出全部好全部坏的整体印象，从局部信息形成一个完整的印象，即根据最少量的情况对他人做出全面的结论。“情人眼里出西施”“一白遮百丑”，就是典型的晕轮效应。在人际交往中人们可以利用晕轮效应，给对方留下好的印象，有利于人际关系的建立和发展。不过，要注意克服晕轮效应的消极作用，尤其要防止喜欢一个人的某一点便认为他一切都好，讨厌一个人的某一点便认为他一切都不好的现象发生。大学生要有意识地训练自己从不同角度、不同方面去观察评价他人，力求做到实事求是、客观公正，尽可能纠正晕轮效应造成的认知偏差。在克服晕轮效应消极作用的同时，还要学会利用晕轮效应的积极作用，如塑造良好的外在形象，优化自己的言谈举止，突出自己的优势、特长等，以便给他人留下美好的整体印象。

4.刻板效应

刻板效应是指社会上对于某一类事物或人物产生的比较固定、概括而笼统的看法，以至于在人们的头脑中存在着关于某一类人的固定形象。刻板效应在人际交往中既有积极作用，又有消极作用，积极作用在于它简化了人们的认知过程。但刻板效应更多地带来的是消极作用，如有的大学生认为贫困家庭的学生小气、自私，家庭地位高的学生傲气、不好相处等，这就使大学生容易因为“先入为主”妨碍正常人际关系的形成。

5.定式效应

定式效应也称心理定式效应，是指人们在认知活动中用“老眼光”——已有的知识经验,来看待当前事物的一种心理倾向。在人际交往中,定式效应常使人们对他人的认知固定化。比如,老年人多被认为守旧、僵化、落伍;年轻人多被认为不够成熟老练。心理定式效应带来的偏见和成见,会阻碍人们正确地认识和评价他人。了解了定式效应的负面影响,大学生就不应一味地用老眼光来看人处事,而应学会以“士别三日,当刮目相看”的心态来对待他人。

6. 投射效应

投射效应也叫自我投射效应。自我投射指内在心理的外在化,即以己度人,把自己的情感、意志特征投射到他人身上,强加于人,认为他人也应如此,结果往往对他人的情感、意向做出错误判断和评价,歪曲他人意图,造成人际交往障碍。“以小人之心度君子之腹”就是一种典型的投射效应。投射效应有时虽有利于人们相互理解,但在人际交往中更多的是由于主观猜测造成的误会和矛盾。所以,大学生在交往中要顾及他人的感受,应学会辩证地、理性地分析问题,一分为二地看待自己和他人,尽量避免以自己的标准去判断他人。

二、人际交往

人际交往就是在社会活动中人与人传递信息、沟通思想、交流情感和相互作用的过程。交往必须有人与人之间的信息交流,如知识、经验的交流,需要、欲望、态度、情绪的交流。人与人之间的交往如果没有内容,交往的必要性也就不存在了。交往必须有双方心理上的接触和相互作用。交往的双方都是活动的主体。人际交往即人的交往活动,是人际关系实现的根本前提和基础,也是人际关系形成的途径。

(一)人际交往的功能

关于交往的功能,具体而言有以下几种。

1.信息获取的功能

人们之间的交往就是信息交流的过程,所以交往可以使人获得大量的信息资料。首先在群体内部的交往,可以使人获得更多的信息情报,促进人与人之间的了解,增进团结和友谊。其次,与群体外的交往可以获得大量外界信息,这是个体对外界适应、生存和发展不可缺少的条件。

2.社会心理构建功能

人际交往有助于人们构建社会心理,人的社会心理正是在同他人进行交往的过程中,逐渐形成和发展起来的。而社会心理形成后又会反作用于个体心理,对社会成员之间以及社会成员与外来人员的人际交往产生影响。

3.自我与人际协调功能

人的个性是在一定社会环境下,与人接触,参与社会实践活动,通过交往逐渐形成和发展起来的。人际交往有利于获得信息,调节情绪,增进团结。人们通过交往与他人产生联系,形成一定的社会关系。同时人际交往可以帮助传播健康的社会思想,促使社会行为的规范化,形成良好的社会心理气氛,消除不健康的社会意识形态,使社会处于和谐、稳定、有秩序的状态中。

4.心理保健的功能

人是一个社会的人,他的存在不能脱离群体或社会,而人际交往则是人类最基本的社会需要之一,同时也是人们同外界保持联系的重要途径之一。通过交往,增加了个人的社会安全感,增强了人与人之间的亲密感,使安全的需要得到满足。如果交往的需要得不到满足,就会影响个人的身心健康。因此,人际交往对于个人来说,是不可缺少的行为。保持人与人之间充分的情感和思想交流,能够起到心理保健作用。人有亲和的需要,当心理上发生恐惧时，更需要与他人在一起。人都有归属的需要，通过彼此间的交往，可以述说个人的喜怒哀乐，增进成员之间的思想、情感交流，产生依恋之情。此外，通过人际交往可以满足人们自我表露的需要。有研究表明自我表露同心理健康存在相关，自我表露与心理健康是一种曲线关系，即中间程度的自我表露最有利于健康，过多或过少的自我表露都不利于身心健康。

（二）人际交往的特点

随着实践活动及其条件的发展，人的交往活动也在与时俱进。进入21世纪以来，国际科学技术的发展，互联网的普及，经济全球化进程的加快，政治多极化、文化多元化的深入；国内社会主义市场经济体制的完善，对外开放的扩大，民主政治和法制建设的推进，为当代中国人的交往活动由传统向现代的转变创造了条件，强化了当代国人人际交往的现代特点。

1. 独立性——人际交往平等性增强

现实的个人是人类社会历史的出发点和存在、发展的基础。当代社会的发展使个人的独立性大大增强。比如，在经济上，不存在任何形式的人身依附关系，每个人都是相对独立的生产活动、交换活动和分配活动的主体；在政治上，每个公民依照宪法和法律的规定享有权利和承担义务；在思想上，每个人都有自己独立的思想观念和价值取向等等。随着人的独立性的提高，人际交往平等性的要求也在增强。人与人平等是现代社会的显著标志。当代人际交往平等性增强，主要体现在以下几点：第一，政治交往平等。其主要指人们在政治交往中享有同等的地位和权利。随着人们独立意识、权利意识的增强，随着我国政治制度正在逐渐由精英政治向大众政治转变，人们之间政治交往的平等性也在推进。比如在农村实行的村级干部“海选”，在城市实行的居委会干部由群众直接选举，群众定期评价干部的制度，干部的晋升必须听取群众意见的制度等等都是体现。第二，经济交往平等。其主要指交换平等和分配平等。现代市场经济良性发展的基本要求就是,各经济主体之间应进行平等、公平的交换。随着市场经济体制的完善和民主制度建设的推进,交换的平等性也在增强。如价格听证制度的建立,加大打击生产、销售假冒伪劣产品的力度等。第三,文化交往平等。其主要指科学文化知识的传授和学术文化交流的平等。政治交往和经济交往的平等必然带来文化交往的平等。为了实现文化交往的平等,宪法规定公民都有受教育的权利和参加文化生活的权利,任何人不得以任何理由剥夺人们的这一权利。第四,日常交往平等。日常交往主要是为了维护人际关系和情感联系需要而发生的人际交往。该交往主要是基于血缘、地缘和业缘而发生的人际交往,一般表现为个人之间的交往,如夫妻之间,父子之间,兄弟姐妹之间,邻里之间,朋友之间,同学、同事之间等等的交往。由于日常交往一般表现为个体与个体之间的交往,所以交往的平等主要体现为人格的平等,即是说交往主体都具有独立的人格和平等的地位。现代社会是追求人际平等交往的社会。要实现人际交往平等,核心是尊重。只有相互尊重,才能称得上平等。尊重包含两个方面的内容:自尊和尊他。作为具有独立人格的个人,都具有自尊心,即希望别人尊重自己。但是要被他人尊重,首先必须尊重他人。

2.选择性——人际交往主体性增强

当今时代,社会生活、社会文化、价值观念的多元化、多样性必然影响到人们的交往,带来人际交往的多元、多样。这就要求人们在进行交往时必须有选择。当代社会人际交往的选择,主要体现在以下三个方面:第一,交往目的的选择。人们进行交往都抱有一定的目的,或者说都有一定的价值取向。人们的价值观不同,决定其选择的交往目的也不相同。如有的人是为了义而交往,有的人则是为了利而交往;有的人为了友谊而交往,有的人为了"有用"而交往,有的人为了交流而交往,各不相同。第二,交往对象的选择。人们在进行交往时必须有交往对象,交往的目的不同，选择的交往对象亦不同。第三，交往方式的选择。人们在进行交往时必须借助于一定的方式。人际交往的目的、对象不同，选择的交往方式亦不同。有的采用“物”的方式，有的采用“理”的方式，有的采用“情”的方式；有的以直面的方式，有的以委婉的方式。究竟何种方式最佳，最能达到交往的目的，需要主体的抉择。

在当代人际交往中要做到择善、择优，必须充分且科学地发挥人的主体性。为此，必须确立正确的价值观，把握好人际交往的正确方向；必须确立唯物辩证的思维方式，选用切合实际的交往方式。只有这样，才能实现人际交往的最佳效果。

3. 开放性——人际交往时空范围扩大

当今时代的社会是开放的社会。社会的开放性必然带来人们交往活动的开放。人际交往的开放主要是指人际交往空间的扩大和拓展。人际交往空间的扩大和拓展主要体现在以下几点。

第一，交往地域范围扩大。古代社会由于经济发展的社会化程度不高，交通、交往工具不发达，所以人们的交往地域相对较窄，多局限于居住地周边。当代社会由于科学技术发展带来了交通、通信的便利以及经济全球化的发展，人际交往不仅打破了传统的地缘界限，而且还打破了国家的界限，世界已经成为“地球村”。

第二，交往行业范围扩大。传统社会由于社会分工与合作尚不发达，所以人们的交往基本局限于业内。当代社会由于高科技的发展，经济全球化的深入，国与国之间实力竞争的加剧和企业核心竞争力的凸显，使得社会分工呈双重发展趋势，这要求人们必须突破原有的业缘界限，进行跨行业、跨学科的交流。

第三，交往对象范围扩大。随着交往地域、交往行业的扩大，人们交往对象的范围也在不断拓展。当代社会不仅同层次人际交往的对象在扩大，而且不同层次的交往对象也在扩大。特别是网络的发展,更是将人们交往的对象扩大到了无限,一个主体可以同时与多个对象交往。交往对象不会千人一面,在年龄、职业、社会地位、经济状况、文化程度、政治态度、价值观取向、性格特点等方面会呈现出诸多的差异。为此,在当代人际交往中,交往主体应具有海纳百川的宽容态度,善于学习、借鉴他人之长,宽容、体谅他人之短。

4.竞争性——人际交往功利性明显

市场经济是利益经济,每个经济主体进入市场的目的就是为了利。为了利就要竞争。当竞争成为社会的普遍现象时,它就会渗透到人们的生活中,渗透到人与人之间的交往中,从而使交往的功利性凸显。

交往功利性凸显主要体现在以下几个方面。

第一,交往目的的功利性凸显。市场经济强调的是盈利、竞争,所以在人际交往中重视的是功利。随着市场经济的发展,人际交往中的非功利性因素会逐渐弱化,而功利性因素在逐渐增强,遵循互利互惠的交往原则。

第二,交往内容的功利性凸显。当代社会人际交往功利性凸显,不仅体现在交往的目的上,还体现在交往的内容上。功利性不只体现在人们的经济交往中,还体现在其他交往中,如在新闻宣传中出现的“有偿新闻”现象。

第三,交往方式的功利性凸显。当代社会人际交往功利性凸显,还体现在人际交往的方式上。例如,不论是上下级之间、同事之间还是亲朋、同学之间,“送礼”已成为一种较为普遍的交往方式。否则,会被认为无真情实意。

当代社会中存在的人际交往功利化倾向,有其必然性与合理性的方面,但其带来的负面影响不容忽视。目前社会中出现的行贿受贿、买官卖官等严重影响党的形象和社会风气的现象,均与人际交往功利性凸显有关。

5. 多重性——人际交往复杂性加大

人际交往开放性的扩大，使人际交往由单一性向多重性发展。人们在交往活动中所担当的角色或涉及的范围具有多个，可以同时以数个角色参与交往。人们交往的范围也有多个，如经济、政治、文化、群体、家庭等，人们可以同时在若干领域进行交往。人际交往活动的多重性，使得人际交往的复杂性愈益深化。这主要体现在以下几点。第一，交往范围更加复杂。当代社会人际交往冲破了以往社会交往基本限于家庭、工作单位和当下的范围，也可以说冲破了“熟人”的圈子，使交往范围大大扩展。第二，交往内容更加复杂。当代社会人际交往改变了以往社会一般囿于单一领域的状况，使交往内容愈益丰富、全面。不仅有物质交往和精神交往两种类型，而且有经济交往、政治交往、文化交往三个层面。第三，交往方式更加复杂。当代社会人际交往改变了以往社会直接的、面对面的交往方式，使交往方式多样化。不仅增加了间接交往（通过手机、网络等），而且增加了虚拟交往（网络上的交往而不是现实交往）；不仅有自主的、平等的、正常的交往，也有被动的、不平等的甚至异化了的交往。

6. 虚拟性——人际交往科技含量提高

当代由于计算机技术和网络技术的发展，带来了人类交往手段的革命。这一革命将人类带入了一个新的生存空间，即以虚拟生存和虚拟交往构成的网络社会空间。虚拟交往空间的出现，使人际交往的科技含量大大增强。第一，虚拟化交往环境出现。以往人际交往都是在现实世界中，而虚拟化的交往则是在由数字信息所构成的一个无时空、非物理化的空间，即通常所称的网络空间之中，如网上聊天室、虚拟社区等等。而在赛博空间中，交往主体所处的交往环境在真实世界中并不存在，它是现代科技所创造的虚拟环境。第二，虚拟交往主体出现。以往的交往主体是现实的人，而在网络时代，除了现实存在的人，还出现了只有在网络中才存在的虚拟人。例如,和上网主体对弈的网内主体、网络游戏中的人物等都是虚拟的人。第三,虚拟交往媒介出现。在以往的交往中,交往的媒介是现实存在的物理客体或精神客体,而当进行网络交往时,交往的媒介则是非物质的,是通过数字化的电子形态文本。虚拟交往的出现,扩展了人类交往的空间,丰富了人类交往的形式,拓宽了人类交往的内容,但也容易让人沉迷、成瘾,远离现实生活。因此,虚拟交往的出现给人类提出了如何增强驾驭高科技的能力,使之更好地为人类服务的新问题。

第二节　实际情况:当代大学生人际关系的主要类型、特点与交往中存在的问题

一、当代大学生人际关系的主要类型

大学校园是大学生学习、生活的主要场所,因此,大学生的人际关系也主要集中在校园中所发生的人与人之间的关系。以当代社会为背景,根据大学生发生人际关系的联结纽带,大学生的人际关系可以划分为:学缘型人际关系、志缘型人际关系、趣缘型人际关系、地缘型人际关系、情缘型人际关系和网缘型人际关系等这几种基本类型。

(一)学缘型人际关系

由于大学生生活在校园之中,其主要任务是学习,所以大学生的人际关系首要的是学缘型人际关系。所谓学缘型人际关系是指以学业或所学专业为纽带而形成的人际关系。学缘型人际关系主要包括师生关系、同学关系、宿舍关系等。

1. 师生关系

师生关系是一种业缘关系,即以共同的事业而形成的人际关

系。老师是学生人际交往的重要对象,师生关系是学生人际关系的重要内容。师生关系如何直接影响着学生能否健康地学习、成长,并在很大程度上决定着学校教育目标的实现。学识渊博、教学水平高的教师容易获得学生的尊敬、喜爱,也能激发学生的求知欲;而知识匮乏、缺乏教学技巧的老师会引来学生的不满,也会挫伤学习的积极性。

2. 同学关系

同学是大学生人际交往的主要对象,同学关系是大学生人际关系的主要内容。大学生十分重视同学之间的情谊,希望感受彼此之间相互帮助、相互照顾、相互倾诉的学友情谊。这种"同窗"关系大多都能保持终生。此外,同学关系还包括同专业、同学校以及校外同学之间的关系。

3. 宿舍关系

宿舍关系是当代大学生学缘型人际关系不可忽视的内容。之所以如此,一是因为宿舍是大学生进入大学后在学校的"家",是他们日常活动的最基本的单位。同宿舍的同学朝夕相处,无论是学习还是起居生活均在一起。因此,宿舍内的人际关系,对大学生的生活习惯、精神风貌、学习态度都有着极为重要的影响。二是因为高校实行学分制,班级集体活动的时间较少,宿舍活动的时间增加。因此宿舍关系对学生的影响超过了班级关系,宿舍关系的重要性凸显。

(二)志缘型人际关系

志缘型人际关系是指为实现某一抱负、理想而建立起来的人际关系。志缘型人际关系是大学生在校园生活中,通过相互了解,建立了共同志向的基础上结成的人际关系。志缘型人际关系的特点是:交往者之间在政治上志同道合,有着共同的奋斗目标和强烈的认同感。因此,交往者乐于交往,在交往中能够密切配合、鼎力支持。以志缘型人际关系为基础的群体,往往是校园里的"奋斗族"。如 2008 年,兰州交通大学 2004 级土木工程学院水利水电专业一个宿舍的 7 名女生全部考上了研究生,进入了理想的院校。

(三)趣缘型人际关系

趣缘型人际关系是指因情趣相近、爱好相同而结成的人际关系。趣缘型人际关系在大学生中较为普遍,因为大学生精力旺盛,兴趣广泛,出于对专业的共同兴趣、对艺术和体育的共同爱好等而交往密切,形成了正式的与非正式的群体。在校园中,科技创新、诗社、剧团、球类等丰富多样的社团,就是大学生趣缘型人际关系的体现。

(四)地缘型人际关系

地缘型人际关系是指因地域相同或接近而结成的人际关系。因为地缘的特征,尽管他们原来互不相识,但由于相对共同的生活背景和文化背景,特别是刚入大学时对语言的亲切感,使地缘相近的同学很快成为朋友。在地缘型人际关系中,最为常见的形式是老乡会。中国人非常注重"乡土"观念,老乡会因此成为大学生的一个重要交往圈。

地缘型人际关系的密切程度取决于三个变量:第一,地域的远近。地域越近,关系越密切,彼此间共同的东西越多。第二,生活环境。乡情随离开家乡的远近而增减,与所处的地域大小成正比。第三,专业异同。专业较近的同乡间关系更密切些。

地缘型人际关系能满足刚入校的大学生的交友需要,有助于交流信息,促进合作,互相帮助,但在参与群体活动时,地缘型人际关系易形成小帮派,易感情用事。

(五)网缘型人际关系

网缘型人际关系是指交往主体以网络为纽带,在虚拟的网络世界中发生互动并形成的人际关系。2019 年 2 月，中国互联网络信息中心(CNNIC)发布第 43 次《中国互联网络发展状况统计报告》。报告显示，截至 2018 年 12 月，我国网民规模为 8.29 亿，全年新增网民 5653 万，互联网普及率达 59.6%，较 2017 年底提升 3.8%。我国网民以中青年群体为主，截至 2018 年 12 月，10～39 岁群体占整体网民的 67.8%，其中 20～29 岁年龄段的网民占比最高，达 26.8%。大学生是上网一族中的主力军。他们通过互联网以电子邮件和讨论列表、电子公告栏系统、聊天室和 QQ 聊天以及多用户网络游戏等与“网友”进行交往。网络交往方式吸引着越来越多的大学生，他们可以在虚拟的网络空间中大胆直抒胸臆，释放个人的情感；可以通过网际的沟通，扩大交往人群的范围，寻求与自己理想、志趣、观念相投之人。

但是，网络交往给大学生的心理健康和现实人际关系也带来了消极的影响。大学生在交往过程中缺乏真实的感情交流，交往的层次也过于肤浅。另外，在现实交往中要遵守的一些社会规范，在网络交往中也不必遵守。这种弱社会性、弱规范性的网络人际交往，容易使一些人放纵自己，无视道德规范的约束，从而造成非人性化的倾向，例如，一些大学生沉溺于网络交往而影响了学业，有的大学生对网络产生了依赖行为。

二、当代大学生人际关系的特点

全球化浪潮的冲击，互联网的普及，多元文化的影响，也使人们的思想观念向着现代化、多元化发展。大学生是对社会变化反应最为敏感的群体。社会思想观念的变化，必然带来大学生思想观念的变化。这种变化也突出地体现在人际交往上，使大学生的人际关系呈现出明显的特点。第一，理想性。大学生正处于求知阶段，思想比较单纯，对美好的未来充满向往和自信，因此在日常交往中相对理性、纯洁、真诚。第二，平等性。大学生交往之所以追求平等，主要是因为他们具有基本相同的年龄和文化层次，具有较强的独立意识和主体意识,渴望被他人理解、认同。第三,狭窄性。目前的大学生从小学到高中时代的人际交往范围基本上是家长、老师和同学,没有机会更多地接触他人、接触社会。进入大学后,大学生的交往范围有所扩大。但是,由于大学生的主要任务是学习,主要生活在学校,第四,丰富性。当代大学生交往的内容已经突破了只限专业学习的局限,而扩展到政治、经济、文学、艺术、体育等领域,涉猎到学术讨论、艺术创作、才能施展、技能培训、社会服务、自强自立等层面,交往的内容越来越广泛、多样。此外,伴随着互联网和信息技术的迅猛发展,大学生们的交往内容早已超越了传统,越来越多地趋近于虚拟的网络世界和数字世界。第五,情感性。大学生往往凭一时的情绪来认识和处理问题,而不考虑是否合理、全面,更不顾及后果、未来。“跟着感觉走”,“凭着心情干”就是典型表现。大学生认同的人际交往基本是有共同的情趣、共同的语言、共同关心的话题,以能够互相接纳、心理相融为基础的,少有利益追逐、权力争夺等功利性较强的东西。

三、当代大学生人际交往中存在的问题

良好的人际关系,能提高大学生的自信和自尊,增强自我价值感和力量感。不良的人际交往则增加大学生的挫折感,激发内心的冲突和矛盾,产生一系列不良的情绪反应,影响身心健康。因此,探讨大学生常见的人际交往问题,客观地分析引起人际关系困惑的原因,是改善人际关系,作针对性调整的前提。当代大学生人际交往中主要存在以下几个问题。

(一)人际交往困难

在现实环境中,大学生的人际交往困难有很多种类型,从个体心理的微观层面看,比较突出的困难表现为适应性困难、选择性困难和调节性困难。从参与交往个体的层面看,交往困难表

现为个体自身交往困难、个体之间交往困难、群团之间交往困难等类型。大学生人际交往困难的情况是多种多样的，其中，适应性人际交往困难是表现得比较突出的一种，表现为初涉社会的不适应，对较为复杂人际关系的不适应，独立处理人际关系的不适应。

（二）人际交往障碍

大学生在人际交往过程中存在的障碍可以说是多方面的，原因也相对复杂。概括起来，大学生的人际交往障碍主要体现在以下几个方面。

1. 人际交往观念障碍

正确的人际交往观念会增强大学生的人际交往实践能力，从而形成从生动的直观到抽象的思维，再到实践的良性发展运动；而错误的、扭曲的、虚幻的、不健康的人际交往观念，会对大学生的人际交往能力带来削弱，甚至影响大学生进行正确的自我调适，不利于其实现自身的全面发展与身心的健康成长。当代大学生人际交往观念障碍主要是恐惧、冷漠以及自我认知与定位偏差。

（1）人际交往的恐惧观念

“人际交往恐惧症”也叫人际交往焦虑症，是指这一部分人群在社交场合与人际交往中会出现过分焦虑、害怕，严重时可能出现惊恐现象。大学生渴望友谊，希望广交朋友，但有些大学生对人际关系敏感、害怕，极力回避与人接触。对此，他们常常陷入焦虑、痛苦、自卑中，严重影响到身心健康和日常的学习和生活。

（2）人际交往的冷漠观念

对大学生而言，人际交往的冷漠有多种表现，有对陌生人的冷漠，有对学长或学弟的冷漠，有对位卑于自己的人的冷漠，还有对家庭贫寒的人的冷漠等。对人际交往的冷漠观念是大学生建立正常、和谐的人际关系的又一障碍。人际关系的冷漠不利于大学生向社会化的发展。

(3)自我认知与定位偏差

若个体在人际交往过程中,自我认知不当,自我与他人、自我与集体的定位出现偏差,那么,人际关系的冲突则是必然的结果,进而也会出现自我调适的失衡。正确的自我概念、自我认知、自我定位有助于提高大学生的人际交往能力,帮助大学生建立和谐的人际关系,而错误的自我概念、自我认知和自我定位有害于大学生良好人际关系的形成与构建。对自我认知与定位的偏差往往使得大学生在人际交往中产生自卑感或自傲感,会阻碍其交往的顺利开展和良好人际关系的建立。

2.人际交往方式障碍

人际交往的方式在一定程度上决定了人际关系的构建与维系状态。一般来说,交往方式分为多种类型,有接触性交往和非接触性交往,正式交往和非正式交往,等等。交往方式中存在的功利性、实用性及虚假性问题,构成了大学生人际交往顺利开展的障碍,使得大学生在人际交往中处于尴尬境地。

3.人际交往性格障碍

性格是个性中最重要的、具有核心意义的心理特征。在人际交往活动中,性格起着重要作用。因此,性格也是构成大学生人际交往障碍的重要内容之一。这主要表现为人际羞怯、性格闭锁、性格内向、性格抑郁。

(1)人际羞怯

羞怯就是大学生在交往时所产生的害羞、畏惧心理。这是一种普遍的情绪反应。由于羞怯者在人际交往中常过多地约束自己的言行,无法充分表达自己的情感,有可能造成交往双方的不愉快或误解。羞怯者常常陷于被动地位,很难交到新朋友,因此人际交往的范围很小。在大学生的人际交往中,害羞会使人与人之间的结识和交往变得困难，妨碍着个体与他人分享交友的快乐，错失诸多良机；羞怯还会使人处于消沉、忧虑和孤独的境地。

大多数人的害羞都是由不正确的认知造成的。他们非常在意别人的评价，担心被人嘲笑或给别人留下不好的印象，过分关注自己的表现。可是越关注自己，越觉得不自在。不自在的感觉更加重了他们的担心，如此形成恶性循环。

(2)性格闭锁

大学生建立和谐人际关系的基本前提就是愿意且乐于与人交往。然而，有的大学生在其成长过程中，由于自卑等多种原因，形成了不同程度的闭锁心理，从而阻碍了其正常人际关系的形成。性格闭锁在大学生的人际交往中往往表现为，或情感冲动强度较弱，感情难于外露；或整日忙忙碌碌，缺乏高涨的人际交往热情；或性格孤僻，逃避与他人交往。

(3)性格内向

性格的内向或开朗虽与生俱来，并无好坏之分，但在大学生的人际交往中，作为特殊的、活跃的青年群体中的成员，内向的性格容易给人际交往带来一些障碍。

(4)性格抑郁

抑郁是以情感低落、哭泣、悲伤、失望、活动能力减退以及思维、认知功能迟缓等为主要特征的情感障碍。抑郁的个性是亚健康的，它多与我们前面所说的羞怯、闭锁、内向的性格以及内心的孤独感相互联系、相伴而生。青年大学生在人际交往中存在性格的问题，再加上其成长的不良环境，更易于使学生产生抑郁的情绪，使其内心孤独感突出，甚至作出偏激的行为。但是，抑郁不等于抑郁症，性格抑郁不是一种疾病，更不是人的缺陷，只是一种性格特点。

第三节　发展策略:大学生人际交往能力的提升策略

一、从大学生的角度来看

人际交往能力是指妥善处理组织内外关系的能力,是人们在长期的生活实践中逐渐建立和发展起来的,它对人们的学习、生活、家庭以及事业都会产生巨大的影响,越来越成为现代社会人才的重要因素,是衡量一个人是否适应社会的标志。马克思曾经说过:人是各种社会关系的总和,每个人都不是孤立存在的。如何妥善处理好这些关系,促进身心健康和自我的和谐就使人际交往能力的培养显得尤为必要。

(一)端正交往态度,主动出击

美国心理学家爱克利克·伯奈依据自己和他人采取的基本生活态度,提出了一种成熟健康的交往模式:我好—你也好或我行—你也行的模式,认为持这种模式态度的大学生对生活有激情,对他人有热情,能够正视现实,与他人建立良好的人际关系。

在现实生活中,大多数人虽然内心渴望与他人交往,但事实上往往总是被动地去等待别人的接触,而自己从来不尝试去主动引起别人的注意,错失很多良机。心理学家研究发现,人们不能主动交往主要原因是缺乏信心,不知道应该怎样主动交往,或者存在认知偏见。其实,若真的感觉很难,我们不妨选择一些简单轻松的问题,来引起对方的注意。比如对方熟悉的领域、对方感兴趣的人或事来使自己的单向注意转为双向注意。主动关心对方,抓住对方的情感,这样才会拉近双方的距离,使对方觉得有话可说,交往才能深入。

（二）优化个人形象，增强人际魅力

一个人能否吸引他人，被他人所接受，关键在于自己在他人心目中的形象如何。因此，优化个人形象，增强人际魅力就成了有效交往的首要任务。

1. 建立良好的第一印象

人类有一种特性，就是对任何堪称“第一”的事物都具有天生的兴趣并有着极强的记忆能力，印象鲜明而强烈。不经意之间我们就能列出许多的第一，如世界第一高峰，第一个登上月球的人等。人际的交往总是从首次印象开始的，它决定了个体最初的吸引力。如果第一印象不好，在以后很长时间内两人的彼此了解都会受到影响，一般在首次交往中，最容易引起别人注意的是对方的精神风貌，如长相、面部表情、身体的姿态、言语、行为表现、衣着服饰等。美国学者卡耐基在《怎样赢得朋友，怎样影响别人》一书中，总结了给人留下良好第一印象的六条途径即真诚地对别人感兴趣；微笑；多提别人的名字；做一个耐心的倾听者，鼓励别人谈自己；谈别人感兴趣的话题；以真诚的方式让别人感到自己很重要。此外，在人际交往中，应尽量使自己的仪表符合当时扮演的角色，即在不同的场合，针对不同的人，伴以不同的表情、姿态、语调。该严肃的时候严肃，该放松的时候放松，衣着要干净整洁，这是获得对方初步好感、给人留下美好的印象的有效方法，也是成功交往的第一步。

2. 培养良好的个性特征

良好的个性特征对建立良好的人际关系有吸引作用。美国心理学家诺尔曼·安德森曾做过相应的测试。他在一次测验中列出 555 个描写人的个性的形容词，让被试者指出他们在多大程度上喜欢有这些特点的人，研究结果（表 5-1）表明被试者评价最高的品质是真诚，评价最低的是装假和说谎。在生活中，人们都

喜欢与性格良好的人交往,不喜欢与自私自利、狡诈虚伪、心胸狭窄、脾气暴躁的人交往。因此,要注意克服性格上的弱点,形成自己良好的性格特征。

表 5-1　个性特点受到喜欢的程度①

值得高度喜欢的	介于积极作用与消极作用之间的	最不值得喜欢的
真诚	固执	作风不正
诚实	刻板	不友好
理解	大胆	敌意
忠诚	谨慎	饶舌
真实	追求尽善	自私
信得过	易激动	眼光短浅
理智	文静	粗鲁
可信	好冲动	自高自大
有思想	好斗	贪婪
体贴	腼腆	不真诚
可信赖	猜不透	不友善
热情	好动感情	不可信
友善	害羞	恶毒
友好	天真	讨厌的
快乐	闲不住	虚假
不自私	空想家	不老实
幽默	追求享受	冷酷
负责任	反叛	邪恶
开朗	孤独	装假
信任别人	依赖性	说谎

① 王秀阁,等.大学生人际交往理论与方法[M].北京:人民出版社,2010:76.

我国学者(黄希庭)采用社会测量、访问与观察方法,研究大学生的人际吸引,归纳得到“人缘型学生”与“嫌弃型学生”的人格特质如表 5-2 所示。

表 5-2 “人缘型学生”与“嫌弃型学生”的人格特质①

类型	人格特质
“人缘型学生”人格特质	尊重他人,关心他人,富有同情心
	热心集体活动,工作可靠、负责
	持重,耐心,忠厚老实
	热情、开朗,喜欢交往,待人真诚
	聪颖,爱独立思考,成绩优良,乐于助人
	独立、谦逊
	兴趣和爱好广泛
	温文尔雅,端庄,仪表美
“嫌弃型学生”人格特质	以自我为中心,不考虑他人的处境和利益,嫉妒心强
	对集体的工作缺乏责任感,敷衍,浮夸,不诚实
	虚伪,固执,吹毛求疵
	不尊重别人,操纵欲、支配欲强
	淡漠,孤僻,不合群
	敌意,猜疑,报复性格
	行为古怪,喜怒无常,粗鲁,粗暴,神经质
	狂妄自大,自命不凡
	不肯助人或小看他人
	自我期望极高,吝啬,对人际关系过分敏感
	为人势利,拍马奉承
	工作懈怠,目无纪律,不求上进
	兴趣贫乏
	生活散漫

① 欧晓霞,罗杨.大学生心理健康[M].2 版.北京:清华大学出版社,2017:128.

3.树立自信心

自信是成功的第一要诀,是一种由内而外发自内心的动力。有自信心的人,可以化渺小为伟大,化平庸为神奇。

培养自信心策略之一:列出你性格中积极的方面,更好地了解自己。对自己的成功给予积极评价,制订可以完成的目标,积极地投入生活。

培养自信心策略之二:学会积极的自我暗示。对见到的每一个人微笑;和别人交谈时注视着对方;上课挑前面的位置坐,改变懒散的坐姿。

4.微笑

微笑是一种极具感染力的交际语言,是人类生活的润滑剂。在真诚的微笑中,人们不仅感受到友好、接纳、宽容与理解,更能深刻地体会到微笑者的人格魅力,极大地缩短你和他人之间的心理距离。当然,我们所说的微笑是指真正的微笑,真正的微笑是真诚的,是发自内心的,只有这种微笑才能给人以温暖的感觉。

5.恰当的角色定位

人自从出生的那天起,便生活在各种关系所编织的网中,在不同的关系网络里我们要扮演不同的角色。在老师面前扮演学生的角色,在父母面前扮演的是子女的角色,在同学面前扮演的是同辈人的角色,而在弟弟妹妹面前则扮演的是成人角色。因此,当我们处于不同的角色时我们需要认清自己的位置、职责,正视自己与社会,表现出相应不同的角色特征,将能更好地与他人沟通。

(三)加强交往,遵循交往原则

要建立良好的人际关系,需要遵循以下原则。

1. 信用原则

信用是指一个人诚实、不相欺、遵守诺言，从而取得他人的信任。每个人在人际交往中都不希望自己上当受骗，都会有一种寻求安全的心理状态。人无信不立，与讲信用的人进行交往，就会消除人们的不安、怀疑和焦虑，产生安全感。信用关系到个人的声誉和事业的成败。不讲信用的人很难赢得他人的信任，也很难建立良好的人际关系。对大学生们来说，信用则是大学生立足校园和社会的第二张身份证。在大学学习期间，凭借个人信用，可以申请国家助学贷款，解决学费和生活费所带来的经济困扰。在与同学交往过程中，凭借个人信用，可以取得他人的充分信任和认可。一个不讲信用的人是很难赢得别人的信任、接纳与友谊的，也很难建立良好的人际关系。

2. 平等原则

平等是建立良好人际关系的前提。它主要是指人在交往中精神和人格的平等。通常情况下，对于那些喜欢自己、接纳和肯定自己的人，人们也愿意去喜欢和接纳对方，与他们交往并建立友谊。若一方居高临下、盛气凌人，那么他很快便会遭到孤立。只有平等相处，才能达到相互之间的心理平衡与理解，人际关系才会更融洽和谐。

3. 尊重原则

尊重是大学生和谐人际关系的基础，也是做人最基本、最重要的礼仪。每一个人都有自尊心，都希望别人的言行不伤及自己的自尊心。自尊心的高低是以自我价值感来衡量的。自我价值感强烈，则自尊心水平较高；自我价值感不强，则自尊心水平较低。大量的心理学研究证明，任何人在人际交往过程中都有明显的对自我价值感的维护的倾向。因此，大学生在同别人交往时，必须对他人的自我价值感起积极的支持作用。

4.真诚原则

真诚是人与人之间沟通的桥梁,只有以诚相待,才能使交往双方建立信任感,并结成深厚的友谊。越是好的人际关系越需要关系的双方暴露一部分自我。也就是把自己的真实想法与人交流。当然,这样做也会冒一定的风险,但是完全把自我包装起来是无法获得别人的信任的。

5.适度原则

在现实生活中,人们做任何事都要严格遵循适度原则,既防止“过”,又要防止“不及”,以免适得其反。应采取科学的方法,不偏不倚,促使在实践活动中取得成功。适度,如热情适度、信任适度、谨慎适度、谦虚适度、幽默适度、期望适度、频率适度、范围适度。

(1)热情适度,热情是个人良好修养的表现,但人际交往中必须表露得恰如其分。热情过度,则会使人产生轻浮或不礼貌的感觉,但缺乏热情,则会使人产生冷淡、无诚意交往的感觉。因此,在交往时,应在恰当的时候表现出恰当的热情。

(2)信任适度,适度的信任是建立和发展人际关系的前提条件。但对他人轻信或过度猜疑是破坏人际关系的重要原因。

(3)谨慎适度,在采取任何行动之前都要深思熟虑,深入调查分析,权衡利弊。但若在人际交往中过分谨慎,容易导致拘束的表现。

(4)谦虚适度,谦虚待人,是尊重他人,严格要求自己的表现。但谦虚过度,容易使人产生虚伪的感觉,从而破坏人际关系。

(5)幽默适度,适度的幽默应做到庄重而不冷漠,幽默而不讽刺,且应根据时间、场合、地点和人物采用恰当的幽默方式。因此,适度的幽默是建立在一定的学识、经历及经验的基础上的,只有人格较为成熟的人才有能力运用幽默提高人际吸引力。

(6)期望适度,包括角色期望和自我期望。期望过高,会使人疲于表现，整日处于失落中；期望过低会影响双方潜能的发挥，不利于人际关系的发展。

(7)频率适度，任何人际关系都需要通过一定的交往次数而建立。但交往频率过高，将时间浪费在不必要的交际应酬上，也容易给人际关系造成不良影响；交往频率过低，难以建立亲密的人际关系。

(8)范围适度。每个人都有自己能够亲密交往的交际圈，但如果仅限于自己的交际圈，陷入狭小的人际圈子而不能自拔，形成排他性，疏远可交的益友，就不利于信息渠道的畅通，妨碍了正常交往。当然，范围也不要太广，如果人数太多，范围太大，将必然分散自己的精力，影响学习，结果是得不偿失。

(四)善用交往的技巧

(1)恰当的自我表露。一般来讲，人们容易表露为社会所接受的内容，对自己熟悉的人表露较多。表露的范围和深度是随着双方关系的发展而逐步增加的，在进行自我表露时要注意观察对方的反应，避免过度表露。

(2)做一个有效的倾听者。在现实生活中，很多人都认为只有多说话才能展示自己的才华，才能真正地参与到与他人的交流之中。其实，在人际沟通的过程中，讲好话固然重要，但把话听好是把话讲好的前提。越是善于倾听他人意见的人，人际关系就越融洽，因为倾听本身就等于告诉对方，你是一个值得倾听讲话的人，表现出对他的尊重，无形之中就会提高对方的自尊心，加深彼此的感情。善于倾听，是成熟的人应该具备的基本素质。因为深入的了解有赖于倾听，这样才能做到有的放矢。当然倾听不是简单地听，而是一种支持性地倾听。例如，用“是的”“嗯”“后来呢”等语言来鼓励对方继续说下去，或者用微笑、眼睛的关注、身体的前倾、相呼应地点头等。在交谈中若有疑问，可提出一些富有启发性和针对性的问题，对方会感到你对他的话很重视，有知己的感觉；用自然、真诚的表情呼应对方的谈话，如对方说笑话时，你的笑声会增加他的兴致。

(3)保持适当的距离。有些大学生会有这样一种观点,认为朋友之间就应该无所不谈,毫无顾忌,喜欢用“亲密无间”这个词来形容很要好的朋友,其实真的到了亲密无间的程度往往会适得其反。朋友之间保持一定的距离是很有必要的。心理学家沙姆认为,每个人的周围都存在着一个看不见、摸不着的空间范围,对这个范围的侵犯和干扰,将会引起人的焦虑和不安,它主要是指个人在心理上所需要的最小空间范围。当然,这个空间范围的大小,受到个人特点、社会习惯、文化、环境等因素影响。在此基础上,美国人类学家爱德华·霍尔进一步深化研究认为,根据人们交往关系的不同程度,认为人与人之间存在四种距离:0～45 cm为亲密距离,46～120 cm为个人距离,121～360 cm为社交距离,360 cm以上为公众距离。

不同程度的朋友,其距离的大小可以有区别。这里所说的距离,不单指物理上的距离,还有指应有的礼貌和尊敬。有些人一旦与人混熟了,就丢掉了分寸感,进入了所谓不分彼此的境界。物极必反,一到了这种程度,友情就容易走向反面了。因为一旦没了距离,就势必会侵入别人的私人空间,给人造成不悦;没了分寸,就会把一些看似小节实际上挺重要的问题,放到无关紧要的地位,可能增加误会或摩擦。

(4)学会换位思考。这是在与他人相处的过程中,站在对方的立场上设身处地为他人着想,理解至上的一种处理人际关系的思考方式,也就是我们常说的“将心比心”。在人际交往时,人们不仅习惯于从自己的特定角色出发来看待自己和他人的态度与行为,而且还习惯于自我中心式的思维方式,从而引发出一连串的冲突和矛盾。如果大家都能从对方的角度去思考一下,都能将心比心地换位感受一番,那么,许多冲突、矛盾就可以迎刃而解,这就是换位思考的积极作用。一般而言,学会换位思考要求我们将自己的思维方式、情绪情感体验等与对方在情感上联系并沟通,相互理解、信任产生同理心,懂得“己所不欲,勿施于人”。在不涉及原则性问题的事情上，对别人的选择多一点尊重可以减少不必要的冲突隔阂，从而达到心理相容。真正的换位思考并不容易做到，其必然是一个“移情”的过程，要从内心深处站到他人的立场上去，要像感受自己一样去感受他人。人情通达，首要条件就是“善解人意”。如果你不能站在对方的立场上为别人着想，就永远不能交到真正的朋友，即使勉强自己去亲近别人，也只是表面上的敷衍、应酬。久而久之，别人就能洞察你的客气和笑容是虚伪的，如此一来，你刻意维系的社交关系也不会长久。

二、从教育者、管理者的角度来看

随着中国向国际化、现代化的发展，随着中国高等教育向大众化迈进，社会对善于合作人才的需要与当代大学生人际交往困难和障碍突出的矛盾更加凸显。为此，通过各种途径、调动各个方面、运用各种方法，培养大学生的人际交往能力，提高大学生的人际交往素质的任务摆在各高校面前。

（一）加强人格教育

人格教育是一种着眼于发展受教育者心理、道德、精神品质，有目的、有计划地运用心理影响、心理训练、心理建构、品性培养等方式与方法提高学生整体心理发展水平，培养学生全面和谐发展的教育观念，使每个受教育者的人格都得到塑造与提升，最终形成健全、优良的人格为目的的一种教育活动。

在我国全面推行素质教育的今天，加强人格教育在促进大学生健康成长，加强高校思想政治教育以及构建社会主义和谐社会等方面具有重要作用。第一，加强人格教育是促进大学生健康成长发展之必需。大学生正处于人生成长中的重要时期，这一时期是人格发展的关键阶段。他们在实践中不断地探索自身发展的道路，校正自己前进的方向，完善自己的人格。在这个关键时期，对大学生进行正确的人格教育尤为重要。人格教育就是把重点放在学生的终生发展上，核心目标是为了让学生学会做人，培养学生具备现代化的人格特征和完善的人格结构，发展学生的心理素质，形成良好的社会适应力，养成与现代社会需要相适应的健全人格。因此，高校实施人格教育有利于当代大学生的健康发展和成长。第二，加强人格教育是增强高校思想政治教育有效性之必需。高等学校思想政治教育的目标是培养德智体美全面发展的人才，其重点是培养学生良好的思想政治品德。而良好思想政治品德的形成过程实质上就是健全人格的形成过程。因此，加强人格教育，针对大学生的素质状况，有目的、有计划地运用心理教育、心理训练、心理建构等方式，促进大学生健康人格的发展，就是促进思想政治教育的完善和发展，就是促进大学生思想政治教育有效性的提高。第三，加强人格教育是构建社会主义和谐社会之必需。思想政治教育的目的是促进个人与社会的和谐统一，个人的和谐发展是社会和谐的前提和基础。大学生是祖国的未来，是国家的栋梁，是社会的重要组成部分，因此，大学生人格素质的状况影响着社会的和谐与发展。构建和谐社会需要的大学生，应具有健全的人格，正确的世界观、人生观和价值观，能够合理地处理个人与自然、个人与社会的关系。高校要培养出这样的大学生，必须加强人格教育，以提高大学生的整体素质。

加强人格教育，可从以下几点入手。

(1)提高对大学生人格教育重要性的认识。认识是行动的先导，要加强大学生的人格教育，首先要提高对人格教育重要性的认识。国之兴亡，教育为本；教育发展，德育为先。高等教育的培养目标就是社会所需要的德智体美全面发展的人才。大学生品德发展的重要体现就是形成健康的人格。健康的人格是大学生做人的基础，是大学生正确处理人与人、人与社会甚至人与自然关系的前提，是大学生成长、发展的关键，我们必须予以高度重视。否则，高等教育、高校思想政治教育就没有尽到应有之责。

(2)加强课程建设。首先，课程设置要合理。合理的课程设置是开展大学生人格教育活动的主要载体。其次，课程内容要精练。精练的课程内容有助于学生掌握。再次，配备高素质的教师。高素质的教师可以增强课程的吸引力和感召力，使学生终身受益。反之，不仅影响了课程的吸引力，而且使学生产生逆反心理。

(3)推进人格教育理论与方法的研究。理论是实践的指导，要加强大学生人格教育，必须先推进其理论研究。

(二)加大教学改革力度

课堂教学是学校的重要教育形式。大学的课堂教学应该是在教师引导下学生积极参加的认识和实践活动过程。在互动的教学过程中，教师将通过先进的教学理念、运用先进的教学方法、将优秀的人类文明成果以及先进的科学技术等教学内容传授给学生，从而提高学生的科学素养和人文素养，引导学生把知识转化为能力，使学生拥有某个专业领域的工作、研究能力，养成良好的品德与个性。发挥课堂教学作用，可采取以下几个举措。

(1)更新教学理念。树立“以生为本”的现代教育理念。教育的首要任务是“育人”，而不是“制器”。教学不仅仅是传道、授业、解惑的过程，更重要的是帮助学生成长的过程，是引导学生创造完美人生的过程。教育归根结底是为了学生的发展，因此“以生为本”才是课堂教学的理念。教师在确定教学目标、制订教学计划时，首先应考虑学生的实际情况，如认知水平、兴趣特点等，然后再考虑教学内容、教学方法。教师只有确立一切为了学生发展的教育理念，才能做到教书育人，才能发挥课堂教学培养学生人际交往能力的作用。

(2)丰富教学方式。教师必须努力改变泯灭学生个性的单边教学方式，由单纯的灌输变为积极互动的双向学习，由老师的“一言堂”变为学生积极参与的“群言堂”，把学生从课堂的束缚中解放出来，引导学生由被动学习变为主动学习。教学的过程应是授学生以“渔”，而不是授之以“鱼”。教师在教学中应多采用启发式、案例式、研讨式等让学生参与其中的教学方式，使学生不仅学会，而且做到会学。教师要根据课程的性质特点，采用不同的授课方法，探索各种教学模式，其核心是引导学生参与到课堂之中，做课堂教学的主体，在参与中培养锻炼人际交往的能力。

(3)用活教学内容。用活教学内容是说教学内容是知识，但教师要将所教知识由死变活。为此，第一，要求教师不要“教教科书”，而要“用教科书教”，尤其是对于人文社科类的课程更要如此。教师对教材的内容可以有自己的独特理解，对教学内容的意义可以有自己独特的解读，以推进教学内容不断与时俱进，使学生既理解和掌握了应学的知识，又拓展了他们的视野和思维，提高了他们的学习能力。第二，应精简课程结构，还时间给学生。精简课程，压缩课时，还学生自由支配时间，使他们能够真正从事他们所感兴趣的活动，是培养和提高大学生能力的重要前提条件。第三，加强实践教学力度。实践教学对学生能力的锻炼所起到的作用是毋庸置疑的，特别是在培养大学生人际交往能力方面更是不容忽视。为此，高校应在课堂设置中加大实践教学比重。如增加实验、实践课程；在理论课教学中增加实践教学环节；更新作业模式，加大实践作业的分量。如多一些让学生亲自动手、亲自实践才能完成的作业，使学生在实践中学会发现问题、分析问题、解决问题的能力，学会团队合作、与人沟通的能力。

(三)鼓励学生参加课外活动

课外活动作为高校校园文化建设的重要组成部分，具有自愿选择、灵活多样和独立自主等特点，有利于培养学生的自主意识，有利于开发学生的潜能，有利于培养学生的组织、协调等社会交往能力，有利于拓宽学生的知识面。通过把书本知识与社会实践相结合，学生能够增强对理论的理解，拓宽知识面，开阔眼界。目前我国的高校课外活动状况还不尽如人意，重视程度不够，机制不健全，课外活动时间、空间短窄。为充分发挥大学生课外活动作用，可从以下几点入手。

(1)营造良好的校园文化环境。第一，要努力改善校园硬件设施。良好的物质环境是大学生开展课外活动必不可少的条件。高校要根据实际情况以及课外活动的设置特点、性质、规模等，为学生课外活动的开展提供良好的校园硬件环境，从而让学生在良好的校园环境中开展丰富多彩的课外活动。第二，要创设良好的人文环境。高校要在坚持以人为本的基础上，营造和睦相处、健康向上的人文环境，这有助于大学生素养的培育和交往能力的提高。第三，丰富学生社团和活动。高校社团不仅为广大学生提供了一个参与科学研究、学术交流、锻炼组织能力和社会活动能力的场所，也为学生培养社会交往能力提供了有利的时机。此外，还应组织各种各样的竞赛活动，因为高校各种各样的竞赛活动不仅可以检验学生掌握、运用知识的能力，还可以提高学生学习的积极性，锻炼和培养学生的组织能力、交往能力和竞争能力。

(2)完善课外活动机制。对于大学生课外活动的管理，应建立完善的管理机制，做到领导重视，管理层次清晰，权责明确，运行顺畅，形成对大学生课外活动进行有效的宏观指导与调控。当然，学校对课外活动的管理并非是事事包揽。在管理过程中，学校应遵循合理、适度、合法的原则。此外，还应建立科学、合理的大学生课外活动评价机制。

(3)营造良好的社会氛围。大学生的课外活动不仅在校园内开展，还应走出校园进入社会，使课外活动与社会近距离接触。为此，大学生的课外活动不仅需要有良好的校园文化环境，还需要有良好的社会环境氛围。比如，社会的安全稳定是大学生课外活动得以进行的重要外部条件，有了稳定的社会环境，大学生才有可能走出校门，参与社会活动。只要具备了安全、和谐的社会环境条件，大学生的课外活动定能较好地落到实处，真正实现与社会接轨，使学生在社会的“熔炉”中得到锻炼。

(四)加强心理咨询指导

大学生心理咨询的要旨就是引导和帮助大学生正确处理学

习成才、人际交往、交友恋爱、求职择业、人格发展和情绪调节等方面的心理矛盾和心理问题,提高其对社会生活的适应能力和调控能力,促进学生德智体美全面发展。

大学生心理咨询在国外高校普遍开展,在我国也已得到充分重视,并在指导大学生健康成长方面发挥了重要的作用,但是从目前来看,大学生心理咨询仍存在着一些不可忽视的问题,如心理咨询机构形式化,制度不完善、机制不健全。对此,第一,提高对大学生心理咨询工作的认识。要明确心理咨询工作是学校教育的重要组成部分,确立心理咨询在学校工作中的应有地位。要提高各级教育部门领导的重视程度,将大学生的心理健康教育提到工作的议事日程,建立由校领导、学工部门、教育者、班主任、学生党员、学生干部等组成的全方位、多层次的心理健康教育工作体系,形成目标明确、分工清晰、协调互助的心理健康教育工作机制,保证学生从入学开始,直到毕业离校为止,都能接受到心理健康方面的教育和指导。第二,完善心理咨询机制。应配备足够的师资力量,切实落实人员的编制,同时制定职称评定和相关待遇的政策,建立一支素质优良、专职兼职结合的心理健康教育师资队伍。要有必要的专项经费,从机构的建立、人员的配备、劳动报酬、师资培训以及机构硬件设施的购置等,都需要有充足的经费做支撑。要重视心理咨询员的正规培训,要强化质量意识,强调科学性,逐步完善咨询员的培训、考核、资格认定等制度。第三,加强心理咨询理论和方法的研究。心理咨询机构结合自身的文化背景以及学生的心理特点,创立适合于独特文化背景和咨询对象心身特点的咨询理论和方法,是各国、各地区学校心理咨询工作中所强调的。相比之下,我国高校重视个别心理咨询,而忽视团体咨询。虽然有些院校也开些有关心理健康方面的课程和讲座,但缺乏集体训练活动。所以,面对目前高校扩招学生数量不断增大的情况,团体咨询应是我国高校今后重点发展的领域。

第四节　引导措施:构建大学生良好人际关系的指导

一、构建大学生良好人际关系的指导原则

原则是人们行为的指南。指导大学生构建良好人际关系,也首先要有明确且正确的指导原则。

(一)保密性原则

保密性原则是指在指导大学生构建良好人际关系的过程中,要做到不泄露学生的隐私信息。在高校教育者指导学生进行人际交往时,应具有尊重隐私的意识或称坚持保密性原则。人际交往中的保密原则,究其实质是尊重学生、尊重他人、尊重人性的一种重要表现。在现实生活中,如将对方对某事、某人愧疚的秘密泄露,会加剧对方的罪恶感和内疚感;如将对方不愿公开的内心或身体曾受到的伤害或是病症泄露,则会加深对方的自卑感,甚至会产生轻生的念头;如将两人的私密性谈话告诉他人,则会伤害到对方的自爱心,使其自尊心受到打击。上述交往中的不守密现象会严重损害已建立起来的亲密关系,并且会引发对方的憎恨感,从而孕育着更深的、更难协调的人际矛盾和冲突。因此,在人际交往中坚持保密性原则是对人性的一种尊重,是对他人的一种尊重。

(二)导向性原则

导向性原则是指在指导大学生构建良好人际关系的过程中,要进行交往方向的指导。人的行为都是有目的的,行为的目的决定行为的内容与方式。大学生的人际关系各种各样,但都受一定

交往目的的支配,交往目的确立的正确与否,直接影响到交往的成效。因此,为了使大学生能够构建良好的人际关系,教育者在进行指导时必须坚持导向性原则。坚持导向性原则主要是进行交往价值的导向、交往目标的导向和交往行为的导向三个方面。

(1)交往价值导向是说要引导大学生正确认识构建人际关系的价值。在坚持价值导向性原则的过程中,教育者要将学校所宣传的价值要求与学生个体的价值取向保持一致性,注意将学生的价值取向引导到学校和社会的核心与主流价值方向上来。为此,教育者在进行价值导向时要处理好一元与多元之间的关系,使学生从内心接受学校和社会的核心与主流价值观,为良好人际关系的建立奠定基础。

(2)交往目标导向是说要引导大学生确立构建人际关系的正确目标。大学生确立的人际关系的目标反映了大学生的需要动机、价值取向,因而影响着其交往的状况。为了帮助大学生建立良好的人际关系,教育者就要引导大学生确立正确的交往目标,以此激励大学生建立良好人际关系的动机,增强其构建和谐人际氛围的意愿。

(3)交往行为导向是说要引导大学生养成建立良好人际关系的行为。"榜样的力量是无穷的"。运用榜样引导大学生的交往行为,较之其他方法更为有效。因为榜样的本质之一就是确立一种道德人格范式,而这种道德人格又是通过榜样的一系列行为模式来体现的。通过树立榜样可以引导大学生明确建立良好人际关系对个人发展的重要性,明确建立良好人际关系所应有的价值观念,明确什么样的人格更具亲和力,什么样的处事方式更易被人接纳,等等,从而自觉地进行自我调整,效仿和学习榜样,逐渐养成建立良好人际关系所需的作为。

(三)尊重性原则

尊重性原则是指在指导大学生构建良好人际关系的过程中要有平等的态度,要尊重学生。由于人际沟通往往采用语言、表情、媒介、工具等方式进行，比较直观、生动和自由，情感色彩较浓，因此，持有尊重他人的态度在沟通中容易打动对方。教育者对人际关系的指导过程，也是与大学生沟通和交流的过程，在这一过程中可以借鉴以下方法，以实现顺利沟通，达到预期目的。

首先，在涉及具有批评性质、怀疑性质、质疑性质等不愉快的话题时，应注意在进入正式话题之前，需要一定的"热身"。在现实工作中，教育者要面对大学生群体中出现的各种矛盾和问题。在处理矛盾和问题、实施对大学生的指导时，与矛盾双方直接对话和沟通，了解有效信息是自然且必要的。

其次，话题选择应体现尊重原则。在人际沟通中，话题选择的恰当与否也是影响沟通效果的重要问题。教育者在对大学生进行构建良好人际关系的指导时，也应注意谈论话题的选择，要选择那些大学生关心、关切的问题，要使谈论的话题展示出教育者对大学生成长的关心和期望。

最后，要以尊重的态度倾听。在人际交往中，尊重对方并不仅仅体现在语言的表达当中，倾听也是尊重他人的重要表现。教育者在指导大学生构建良好人际关系时，要学会以尊重对方的态度倾听，给大学生谈自己想法和体会的机会与空间，切忌自己从头讲到尾，切忌大包大揽、不尊重对方的谈话方式。

（四）互动性原则

互动性原则是指在指导大学生构建良好人际关系的过程中，应采取双向互动的态度和方法。这种互动行为大多是在对方没有准备的情况下在无意中表现出来的，它会显得那么的自然、贴切、顺畅而不做作。故而，这种交往方式非常能够满足对方的情感需要。教育者指导大学生构建良好人际关系的过程，也是师生之间的交往过程，为了使指导取得较佳效果，教育者在指导过程中必须坚持互动性原则，实现与学生间的互动式交往。互补性人际交往是互动性人际交往中的最高层级，它可以使双方在相处中受益，从而结成更加深厚和稳定的关系。为此，教育者在指导大学生构建良好人际关系的工作中,可以将不同年级、不同性别、不同性格、不同学识、不同能力的大学生协调搭配,让他们在交往互动中取长补短,这样既有利于大学生互补型人际关系的形成,还有助于提高大学生的素质,从而提高指导工作的有效性。

(五)针对性原则

针对性原则是指在指导大学生构建良好人际关系的过程中,要关注个体差异,针对具体问题,采用有效方法。大学生思想政治教育的实践早已证明,增强教育的针对性,做到有的放矢、对症下药,是提高教育实效性的重要保证。当然,也是提高教育者指导大学生构建良好人际关系效果的重要保证。坚持针对性原则,就应做到以下几点。

第一,把握不同年级学生人际交往的特点,使指导有的放矢。大一学生的交往愿望最为强烈,同时也最为盲目。正是由于大一学生具有盲目热情和过于理想的特征,使得他们在处理人际矛盾时,显得稚嫩和无助。二年级大学生在人际交往上的特点是开始理性化。三年级大学生在人际交往上的特点是开始成熟。大三学生已成为学校各项活动的中坚力量,已经具有了一定的专业和相关知识基础,所以他们对未来不再盲目和茫然,开始充满自信,在为自己的前途积极地做准备。因此,大三学生在处理人际关系时,基本上懂得了交往双方要相互理解和信任,要互相帮助,只有以诚相待才能建立友谊的道理。四年级大学生在人际交往上的特点是有理性的主动。可见,不同年级的大学生呈现出不同的人际交往观念和行为特征,教育者要针对不同群体的特点,选择适合的话题和有效的沟通方法,以达到指导的目的。

第二,了解学生不同的成长环境,使指导对症下药。大学生个体不同的成长环境和成长背景,是影响大学生人际关系状况的重要原因。大学生的成长环境主要包括个体家庭的教育观念、教育方式、父母的感情、与亲朋的往来、家庭的经济收入状况、是否存在家庭暴力、是否经历过重大变故、有无兄弟姐妹、成长的地域和所接受的信息量等等。大学生的成长环境对大学生个体的影响是无形的,且是惊人的。教育者想在大学阶段让学生已有的思想观念和行为习惯发生质的改变难度很大,要达到改变的目的,教育者必须使自己成为大学生的亲密朋友,让他们能够对自己敞开心扉,讲述他们的人生经历和处事原则,然后再给予引导。

第三,把握不同性别学生的特点,使指导切合实际。许多研究表明,性别不同也会呈现出不同的人际交往特征。社会心理学认为,男性更趋向于社会价值取向,女性则更倾向于情感价值取向。从总体上来说,男女大学生的人际关系状况差别不是很大,但男大学生的实际人际交往能力较女大学生稍低。甚至女大学生在人际交往中所体现出的或羞涩、或主动、或热情、或内敛、或依赖、或独立的特点,都有可能成为吸引男性或是吸引其他女大学生的性格特征。另外,在语言表达上,女大学生往往优于男大学生,因而也更利于其人际交往中的有效沟通。人所具有的自然属性决定了人与人之间的差异。教育者在指导大学生构建良好人际关系时,要关注性别差异,考虑性别原因,会使指导工作更具针对性。

(六)关怀性原则

关怀性原则是指在指导大学生构建良好人际关系的过程中要持关爱学生的情感。教育者指导大学生构建良好人际关系的过程,实际上就是道德教育的过程。要使该教育有效,必须借鉴关怀德育的理论和方法,坚持关怀性原则。教育者在日常工作中,要有效地坚持关怀性原则,以达到教育和引导大学生人际关系健康发展的目标。第一,要明确关怀要以尊重为前提。第二,要厘清关怀的内容。教育者要打破认为现代教育就是关心学生对科学知识学习的好坏、优劣,只要学生的学习好就能成为社会需要的“人才”的认识,改变忽视对大学生社会化发展的关怀,明确真正的关怀是对学生健康成长和全面发展的关怀,其中,帮助他们处理好人际关系是重要内容。第三,要创造条件增加学生人际交往的体验。教育者要鼓励学生大胆地进行交往实践,在实践中对学生进行及时的指导,是对学生最有效的关怀。第四,要增强学生对教师的信任感。深度关怀的前提是信任,要使关怀获得最佳效果,就要提高学生对教育者的信任度。这就给教育者提出了人格、经历、知识、能力等多方面的要求。为了获得学生的高度信任,使关怀性教育更有实效,教育者除对学生抱以真诚的态度,还要关注自身素质的提升,尤其是自我人际能力的提高。

二、构建大学生良好人际关系的指导内容

人际关系的心理结构包括人际认知、人际情感和人际行为三个方面,这三个方面相互联系、相互作用、相互渗透、相互影响。其中,人际认知是人际关系构建的前提,人际行为是构建人际关系的结果,人际情感是构建人际关系的核心,它直接决定着人们对人际关系的选择。指导大学生构建良好人际关系,就要从这三个方面入手。

(一)正确认识人际关系

正确认识人际关系是大学生构建良好人际关系的前提,因而也是教育者对其进行指导的重要内容。指导大学生正确认识人际关系,主要包括正确认识人际关系的本质、正确认识人际关系的作用、正确认识人际关系的基础三个方面。

(1)正确认识人际关系的本质。人际关系是人的本质的体现,是人存在与发展的方式,是人生存和发展的条件。离开了人际关系,人就失去了社会性,其也就不能称其为人;离开了人际关系,就不会有实践活动,人也就不能成为现实存在的人;离开了人际关系,人就失去了从事各种活动的条件,其也就无法生存和发展。人际关系对每个人都是必要的,它让每一个人在其中生成,在其中成长,在其中取得成功。人际关系是客观存在的,是每个人存在和发展之必需,也是每个大学生学习生活和成长发展必不

可少的条件。

(2)正确认识人际关系的作用。人际关系是人们存在和发展的条件,必然对人的发展具有重要作用。人际交往有助于人自身发展。在全球化程度愈益深化,合作成为发展趋势的当代,良好的人际关系不仅实现着人的本质,更为重要的是它有助于个体生理、心理的健康发展,有助于人的全面发展,有助于人的事业的发展。

(3)正确认识人际关系的基础。人的需要是建立人际关系的逻辑起点,满足自我需要是人际交往的初始动因和最终归宿。离开需要谈人际关系是空洞的。由于人际关系是双向互动的,因此,良好人际关系不可能建立在一方需要满足而另一方需要得不到满足的基础之上,而必然是双方需要都得到相对的满足。交往双方需要的相互满足程度越高,人际关系就越密切,反之则越疏远。因此,教育者要帮助大学生明确,要想构建良好人际关系满足自己的需要,必须首先要了解他人的需要,并尽力满足他人的需要。

对人际关系的正确认识是建立良好人际关系的前提。教育者在指导大学生构建良好人际关系时,必须首先解决前提问题。帮助大学生科学地、辩证地认识人际关系,为人际交往良性发展奠定思想基础。

(二)正确选择人际关系

正确选择人际关系是大学生构建良好人际关系的基础,因而也是教育者对其进行指导的又一重要内容。指导大学生正确选择人际关系,主要包括正确把握人际关系选择的基础、正确认识人际关系选择的依据、正确进行虚拟人际关系的选择三个方面。

1. 正确把握人际关系选择的基础

人的一生会面临很多的选择,在人际关系上也同样面临着选择,尤其是对于进入大学校园,对建立人际关系充满冲动与好奇的青年学生来说更是如此。人际关系的选择一般认为是以人际情感为基础、为依托的。从心理学视角来看,人际情感主要是指交往双方在交往中,实际满足各自的需要而产生的情绪和情感体验。大学生在选择交往对象时,应考虑自己的情感体验,从另一角度说,大学生要构建良好的人际关系需首先培养相互之间的感情。

2.正确认识人际关系选择的依据

交往目的、动机是人们选择人际关系的依据。目的、动机相同,就能做到志同道合;目的、动机相异,就可能貌合神离。人们的交往目的、动机有善意的,也有恶意的。大学生在选择人际交往对象时,要判断对方的交往动机何在。若感觉自身的观察和判断力不足以马上判明对方的交往动机,可进行长时间的有意识的考察、体会,这是认识人的一个好办法。但是,值得指出的是大学生要注意不能因为过度自我防御,或是猜疑心过重,而失去交友、择友的良机。

3.正确进行虚拟人际关系的选择

随着网络时代的到来,当代大学生还面对着虚拟人际关系与现实人际关系的选择以及虚拟网络环境中的人际关系选择问题。在网络这个平台上,大学生可以以虚拟的身份,完全凭借自己的感觉、喜好和个性特征与他人交往。在虚拟环境中的人际交往让他们感到分外的放松。不过,教育者在引导大学生构建良好人际关系时,应让大学生明确虚拟人际交往与现实人际交往的关系,认清虚拟人际交往不能替代现实的人际交往,应在提高处理现实人际关系的能力上下功夫。

(三)正确处理人际关系

正确处理人际关系是大学生构建良好人际关系的关键,因而也是教育者对其进行指导的重要内容。指导大学生正确处理人际关系,主要包括正确处理建立人际关系与完成学业的关系和正确处理人际矛盾与冲突两个方面。

1. 正确处理建立人际关系与完成学业的关系

大学生普遍具有较强的人际交往欲望和人际交往热情，但是人的时间和精力是有限的，所以大学生就要面对处理好建立人际关系与完成大学学业之间关系的问题。对于大学生来说，最重要的任务是完成学业，充实自我，提高素质，锻炼能力。其中，首要的任务是完成学业，要比较高质量地完成学业，需要付出较多的时间和精力。人际交往活动有助于学业的完成与提高，但交往活动不能等同于学业学习，只是辅助于学习。为此，教育者要指导大学生正确认识参与人际交往活动与完成学业之间的关系，正确处理两者之间的关系，让两个方面相互促进，而防止顾此失彼。

2. 正确处理人际矛盾冲突

要有效地解决人际关系的矛盾冲突，首先要对人际关系交往冲突的发生、发展状况有清晰的认识。关于人际冲突产生、发展的过程，心理学家庞地提出的“冲突过程五阶段模式”（图 5-2）认为，人际冲突要经历潜在的冲突、知觉的冲突、感觉的冲突、显性的冲突、冲突的结果五个阶段。

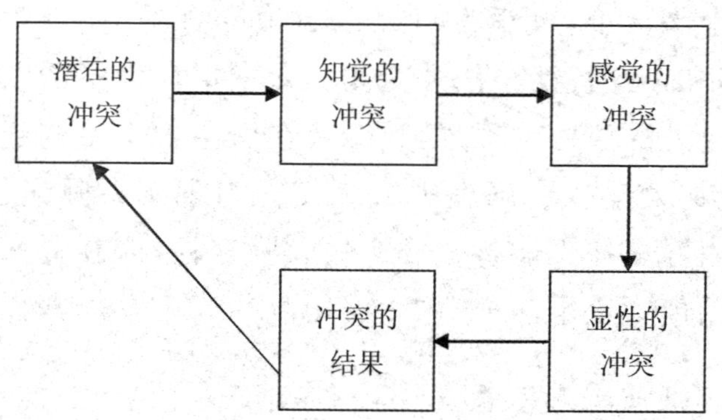

图 5-2　庞地的冲突过程五阶段模式①

心理学家 L. D. 布朗从管理心理学角度考察了人际关系冲突

① 王秀阁，等. 大学生人际交往理论与方法[M]. 北京：人民出版社，2010：235.

后果与冲突激烈程度（行为）之间的关系（图5-3），认为人际冲突过少或过多都不会产生积极的后果，适度的冲突产生积极的结果。由此提出了破坏性冲突与建设性冲突的概念。其中，建设性冲突能促进双方的沟通发展，有利于激发群体的活力，应当提倡。

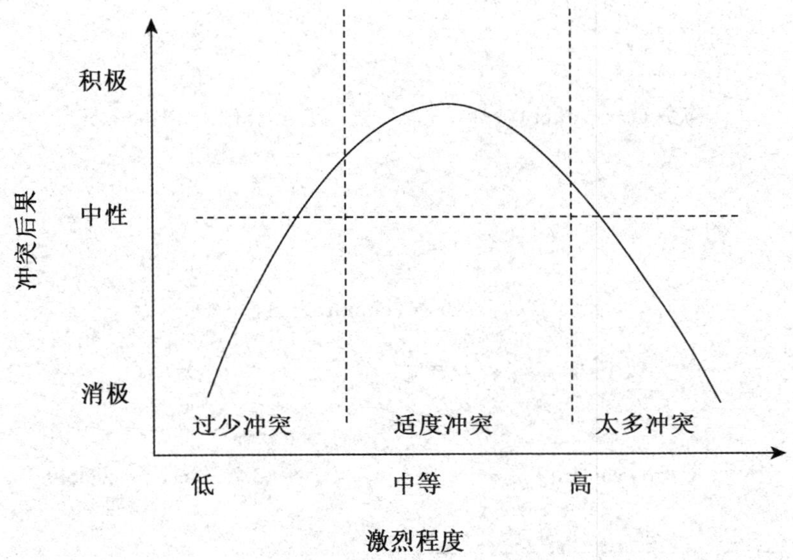

图5-3　人际冲突后果与激烈程度之间的关系①

冲突过程阶段理论表明，当人际冲突处在潜伏阶段和知觉阶段时，采用预防策略较为有效。当人际冲突发展到感觉阶段和行为阶段时，则应采取有效的处理措施较为有利。在结果阶段，利用矛盾激发活力或扩大双赢效应，进一步加强人际交往的良性互动与循环最为理想。

破坏性冲突与建设性冲突理论表明，如是破坏性冲突要想方设法避免，以减少其对交往双方的伤害。如是建设性冲突，一方面要积极疏导、协调，防止其向破坏性冲突转化；另一方面要发挥其激发活力，使矛盾双方共赢的作用。

关于处理、解决人际冲突问题，著名心理学者托马斯提出了

① 王秀阁，等.大学生人际交往理论与方法[M].北京：人民出版社，2010：236.

解决冲突的五种策略(图 5-4):回避方式、竞争方式、迁就方式、合作方式、折中方式。一般来说,第四种方式更适合于现代社会发展趋势的要求,但在特殊条件下,哪种方式更合适,要视具体情况而定。

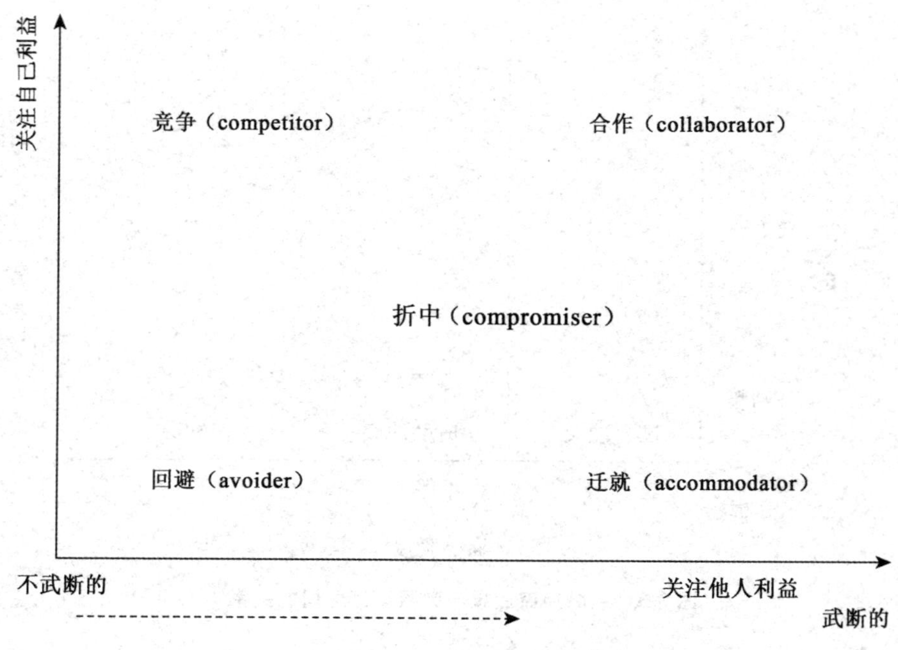

图 5-4 托马斯冲突处理策略模式①

在处理人际关系中的问题时,不仅要选择适当的策略,还要有明确的解决问题的步骤和方法。

(1)认清矛盾性质。要实现人际冲突的有效解决,第一个重要环节就是要认清矛盾的性质。对于非原则性的矛盾冲突,我们应该采用宽容的态度,采取"难得糊涂"的态度。同时,还可以有意识地提醒对方,帮助其克服存在的问题。对于原则性的矛盾冲突则要采取批评的方法,不可姑息迁就。需要注意的是,在界定是原则性矛盾冲突还是非原则性矛盾冲突时,一定要实事求是,有客观依据,千万不能凭主观想象而定。

---

① 王秀阁,等.大学生人际交往理论与方法[M].北京:人民出版社,2010:237.

(2)让双方相互了解和理解。在解决矛盾时,要让矛盾双方充分表达自己的需求和愿望,表达希望获得对方真正需求或希望的有效信息的愿望,为解决矛盾做思想上的铺垫。

(3)确定具体有效的解决措施。当矛盾冲突的性质清晰,双方的需要和意愿充分表达后,就要确定具体有效的解决措施。教育者或大学生可以根据具体情况,拟定出几个解决的办法,然后,依据双方的需要和愿望,选择出双方均能接受的最优办法。

(4)关注发展,不断总结。通过上述三个环节的工作,大学生的人际矛盾冲突基本上可以解决了。

另外,在处理人际关系矛盾冲突时,交往主体还要学会发挥自己性格或个性中的优势,如轻松、风趣、幽默、亲和等,从而使人际矛盾冲突解决得更顺畅、有效。

正确处理人际矛盾冲突是一个复杂的过程,也是大学生素质与能力的体现。为此,教育者在对大学生进行指导时,应引导大学生正确认识人际矛盾冲突的过程与后果;了解解决人际矛盾冲突的方式与步骤;正确判定人际矛盾冲突的性质;采取积极主动的态度对待矛盾冲突,了解和理解他人;选择解决矛盾冲突的有效办法;注意总结解决人际矛盾冲突的经验教训,不断提高自身的素质与能力。

三、构建大学生良好人际关系的指导方法

指导大学生构建良好人际关系,较为有效的方法,是咨询法和实训法。

(一)咨询法

咨询法是指对大学生在人际交往中出现的困惑和困难予以解答或提出解决的建议方法。在这里,主要是指在高等学校中,教育者、教师或专业心理咨询师,通过由学校、院系设置的专门机构,或是利用合理的时空条件对大学生进行构建良好人际关系指

导的方法。

心理咨询的对象一般都有一些心理上的疑问、困惑、压力等问题，希望得到适当的指导，比如解释他的问题，分析问题的根源，提供解决问题的建议，点拨跳出困惑的思路等。其形式更倾向于顾问，其目的除了和心理辅导一样助人成长，还在于帮助服务对象学习应对问题的技巧，获得解决困难的能力。在大学中，患有较严重的精神和心理疾病的学生数量是非常有限的，因此，在指导大学生人际关系方面，咨询法是受众面较宽、较为有效的一种方法。

咨询法包括诸多具体的方法，如心理测试法、个别咨询法、团体辅导法、校际合作法等。

咨询法是教育者指导大学生构建良好人际关系较为有效的方法。同时也给教育者提出了较高的要求，要求教育者必须具备必要的相关学科的知识，掌握指导大学生建立良好人际关系的技能。另外，还要求教育者在开展工作时，对待学生要有足够的耐心和给予热情的关怀，从而拉近心理距离。

（二）实训法

这里所说的实训法是指通过各种教育手段和情景模拟，帮助大学生在实际操作中学会如何与人相处、如何建立良好的人际关系、如何恰当地处理人际问题的方法。该方法的优势在于其可以实现“知行合一”，以弥补说教指导的“能知但不能行”的缺陷。具体可行的实训方法有人际关系测量法、价值澄清法、角色扮演法、两难问题讨论法。

(1)人际关系测量法。人际关系测量法是借鉴心理学和社会学理论了解人际关系状况的一种方法。该方法的运作程序是，首先向群体成员提问、搜集资料，然后进行资料分析处理，最后得出群体成员之间心理关系的结论。这种测试不仅可以反映出群体中个体的吸引力，还可以反映出群体的交友价值取向以及对他人的接纳水平。此外，这种方法还可以测量出群体内成员之间的人际关系,尤其是非正式群体,亦称小群体的情况。人际关系测量法有助于教育者掌握群体人际关系的状况,了解群体成员的交往价值取向,清楚群体的凝聚力程度,把握群体中的核心或权威人物,为引导大学生构建良好人际关系工作更加有效奠定基础。

(2)价值澄清法。价值澄清法是在人际关系测量之后,针对其中的障碍和问题,继续展开教育、引导的一种方法。新加坡将价值澄清法分为五个步骤:第一,认清问题,找出可能的选择。第二,衡量各种选择的利弊。第三,考虑各种选择的后果,作出选择。第四,珍惜并愿意公开所作的选择。第五,根据自己的选择采取行动。为了避免学生以自己的好恶去作选择,教师要发挥主导作用,指出符合社会标准的道德或价值观,"澄清"学生非道德的,不正确的价值判断。价值澄清法是一种以学生为主体、教师为主导的开放的、民主的教育方法,也是教育者在指导大学生构建良好人际关系中,坚持导向性原则、尊重性原则、针对性原则和互动性原则的较为有效的方法。

(3)角色扮演法,也称移情考虑法。该方法是让学生在实践中充当某一角色以增强该角色体验的方法。角色扮演法是让学生在承担某一事件的特定角色过程中,充分体验这个角色的处境,让他们仔细考虑自己和他人存在哪些差别,为何存在差别等问题。角色扮演法是一种实践教育法,是让学生在具体、生动的活动中领悟道理、学习知识、提高能力的方法,是增强学生学习自主性、独立性和创造性的教育方法。教育者在指导大学生构建良好人际关系工作中,运用此方法会更受学生欢迎,更有实效。

(4)两难问题讨论法。该方法是由教育者或教师提供一个自相矛盾的问题,引发学生对其进行充分的冲突性思考,以增进学生认知能力的方法。也就是用结论相悖的问题,激发学生认知上的冲突,让学生充分发表自己的看法,达到增进认知能力的目的。各高校经常组织的学生辩论赛就是该方法的典型运用。在运用该方法时,值得注意的是,教育者或教师要充当故意唱反调的角色,尽力将问题引入无法迅速达成妥协的认知冲突状态,以此激发学生重新界定和思考问题。同时，要注意不宜指定和强迫学生发言，尤其是对不善表达，存在心理障碍的学生。教育者在指导大学生构建良好人际关系工作中，运用该方法可以有助于提高学生人际认知、人际选择等能力。

上面所列四种实训方法，在实际应用中，教育者可以根据实际情况的需要，自觉加以组合。

第六章　提高发展内核:大学生的挫折管理与辅导

每个人在现实生活中都会不可避免地遇到挫折,高校大学生亦如此。过度的心理压力和无法承受的挫折会影响大学生的精神面貌,减弱其学习兴趣,甚至带来心理健康问题,影响大学生的正常学习和生活。出于这方面的考虑,大学生应该对挫折的相关知识有所了解,以更好地应对学习和生活中所遇到的挫折。

第一节　基本概念:挫折的基本认知

一、挫折的概念

挫折是指个体在通往目标的过程中遇到了难以克服的障碍或干扰,使其动机不能实现、需要无法满足时,所产生的紧张状态或消极情绪反应。挫折的概念一般应包括以下几方面的含义。

(一)挫折情景

挫折情景是指人们在有目的的活动中,需要不能获得满足的内外障碍或干扰所呈现的情景状态或情景条件,包括实际挫折情景与想象挫折情景两类。

1. 实际挫折情景

实际挫折情景是实际遭遇到的挫折情景,如高考落榜、被恋人抛弃等。实际挫折情景对人的影响是有形的、有限的、可估量的。

2. 想象挫折情景

想象挫折情景是想象中可能出现的挫折情景。比如有的大学生在还没有去做一件事情之前就想象自己肯定会失败。想象挫折情景对人的影响是无形的、无限的、不可估量的，它会随人的想象泛化。

（二）挫折认知

挫折认知是对挫折情景的知觉、认识和评价。由于不同的人的认知能力和认知水平不同，对相同的挫折情景所产生的主观的心理压力是不尽相同的。例如，有两位大学生因经常倒饭菜受到老师的批评，一个学生认为老师的批评是对的，自己不应该浪费粮食，所以应该改正。而另一个学生认为老师是多管闲事，饭是自己花钱买的，自己愿意吃就吃不愿意吃就倒掉，和老师没关系，其自尊心因此而受到损伤。由此可见，个人的认知水平会影响对挫折情景的知觉判断，对人具有重要影响。

（三）挫折反应

挫折反应是指主体伴随着挫折认知，对于自己的需要不能得到满足而产生的情绪和行为反应。一个人对挫折的反应主要有理智的反应和非理智的反应两种。

1. 理智的反应

理智的反应是指受挫后采取冷静的态度，客观地分析，避免或减少焦虑的反应。它主要表现为坚持目标，矢志不移；调整目标，继续努力；身处逆境，奋起升华；降低目标，改换目标等方式。

2. 非理智的反应

非理智的反应是指受挫时伴随着强烈的情绪性的消极的情绪和行为反应。它主要表现为退缩、焦虑、攻击、退化、幻想、冷漠、固执等方式。挫折反应是否理智以及强弱、长短往往取决于一个人的挫折承受力的高低，挫折承受力的高低与一个人的挫折阈的高低成正比。挫折阈指引起挫折的最小刺激量。挫折阈高挫折承受力必然强，挫折阈小挫折承受力必然差。

二、挫折的特征

挫折具有显著的特征，概括来说主要包括以下几方面。

（一）普遍性

人们在生活中经常会遇到各种各样的挫折，可以说，人们的生活是在遇到一个个挫折和解决挫折中度过的，挫折是社会生活的组成部分。人类社会的每一次进步、每一次发展，都是经历了无数的艰难险阻。无论是名人或凡人，每一个个体的成长经历都不可能是一帆风顺的，同样要经历大大小小的困难与挫折。大学生的心里往往充斥着各种各样美好的愿望，但这些愿望的实现却是要经过一番艰苦奋斗的。一帆风顺的顺境是生活的难得和侥幸，而坎坷、挫折则是生活的自然和必然。人生路上有坎坷、有挫折是自然现象，关键是如何正确认识、科学对待。

（二）两面性

任何事物都具有两面性的特点。挫折的存在也不例外，它的存在对人们的影响可以分为消极性与积极性两方面。

1. 消极性

挫折的消极性主要表现在以下几方面。

（1）有损个体的身心健康

个体在遭受挫折后，由于目标受阻，愿望无法达成，必然会引起紧张、焦虑、矛盾冲突等心理状态。当情况严重和得不到解决时，就会发展为应激状态。生理心理学研究表明，挫折所导致的应激状态对个体的身体健康有严重影响,即应激状态会降低人体抵抗力,处在这一阶段中的人极易受到各种病菌的侵袭,甚至还有可能成为诱发精神病的发病机制。

(2)影响个体实现目标的积极性

个体在遭受挫折后,其情绪因人而异地会产生不安感、苦恼、抓狂、抑郁等,由此会妄自菲薄,看低自己的能力,同时会夸张放大困难,对目标的达成缺乏信心,从而影响个体实现目标的积极性,逐渐地就会降低个体的抱负水平。一个经常面对失败的人是不可能提出很高的目标的,甚至面对自己能力可及的目标也会丧失勇气。

(3)降低个体的创造性思维水平

个体在遭受挫折后,会引起情绪抑郁、苦恼、失望等消极反应。而遇到的挫折较大时,甚至会使自身的性格发生巨变,甚至直接影响神经系统,造成大脑功能紊乱失调,从而影响创造性思维活动。

2.积极性

挫折除了对人们有各种不利的影响外,也会对个体产生一定的积极作用,概括来说,挫折的积极性主要表现在以下几个方面。

(1)有助于增强个体情绪反应的灵敏

不少人虽然屡遭挫折,但他仍旧能在这种环境中百折不挠,力求早日获得成功。在现实生活中,身处逆境而通过自己发愤图强的成功者,正是这种挫折的内驱力推动的结果,如运动员就是这种对挫折积极应对的最好事例,因为冠军只有一个,所以在平时的比赛中告负是非常正常的事情,但多数运动员不会因为经常输掉比赛而放弃自己的运动生涯,直至最终取得最好的成绩。

(2)有助于增强个体对挫折的容忍程度

个体对挫折的容忍程度,与其过去在生活中的挫折经历有关。如果一个人从小到大在“温室”中成长,那么他经历的风雨一定很少,一旦面对看似不大的挫折时,就会表现出无所适从、逃避的一面,这就是其对挫折的容忍力很低。从相反的角度来看,个体经受挫折锻炼多了,就会增强对挫折的容忍力,使其更容易经受挫折的考验,最终取得成功。

(3)有助于提高个体的认识水平

一般来说,个体在面对挫折后,往往会从中总结经验,吸取教训,以期日后不再遇到这种挫折,以致更好地实现个人目标。这就要求人在这样一个过程中,可以获得更多的经验,然后通过经验的积累,使其认识水平得到提升,对事物看得也就越透彻。

(4)有助于锻炼个体的意志

在不断对抗挫折的过程中,人们的意志力得到增强。大学生从学校走向社会,会承受很大的压力,经受过一定的挫折和困境之后,特别是克服或者战胜挫折之后,就会获得愉快的体验并磨炼自己的意志。

(5)有助于个体的成长

人的成长过程是适应社会要求的过程,如果具备良好的适应能力就会减少遇到挫折后产生的失意、沮丧之情,适当的挫折能够帮助人们成长。

对于大学生来说,坚强的性格和意志,往往是长期磨炼的结果。挫折能给人压力,人们所经历的挫折越多,承受挫折的能力就越强,性格也就变得越坚强,因此有利于磨炼大学生的性格和意志,有利于其更好地进行生活和学习。

三、挫折的分类

根据不同的标准,可以将挫折分为不同的类型(表 6-1)。

表 6-1　挫折的分类

分类标准	类型	内容
根据挫折的严重程度进行分类	一般性挫折	指人们在日常生活中遇到的一些小的挫折
	严重性挫折	指人们在与自己关系极为密切或意义重大的事件上受到的挫折

续表

分类标准	类型	内容
根据挫折的感受进行分类	损失挫折	指人们失去了原来所拥有的东西而引起的挫折
	缺乏挫折	指人们无法拥有自己认为非常重要的东西时产生的挫折
	阻碍挫折	指人们在需要和目标之间出现的障碍而引起的挫折
根据挫折的现实性进行分类	实际性挫折	指实际存在的挫折
	想象性挫折	指挫折并没有实际发生,而是个体想象未来可能出现的挫折
根据挫折的内容进行分类	交往挫折	指人在处理人际关系方面遇到的障碍而引起的挫折
	学习挫折	指人在学习过程中遇到的障碍而引起的挫折
	志趣挫折	指人在兴趣、志向和愿望等方面遇到的障碍而引起的挫折
	情境挫折	指人在特定的时间和空间遇到障碍而引起的挫折
	自尊挫折	指人在自我尊重方面的需要没有得到满足而引起的挫折
根据挫折的性质进行分类	自然性挫折	自然性挫折如地震、旱灾、风灾、水灾、衰老、疾病、死亡等
	社会性挫折	社会性挫折如政治性挫折、经济性挫折、文化挫折(由于法律、道德、宗教、习俗等限制而引起的挫折)
根据挫折的准备状况进行分类	意料中挫折	指事前有所觉察或戒备的挫折
	意料外挫折	指在人们毫无准备的状态下,突然遇到的挫折
根据挫折的持续时间进行分类	短暂性挫折	指持续时间较短、暂时性的挫折
	持续性挫折	指持续时间较长或连续发生的挫折
根据挫折产生的原因进行分类	内部挫折	指由于自身的条件的限制所产生的挫折
	外部挫折	指由于外部条件的限制所产生的挫折

四、挫折的基本理论

挫折的基本理论主要包括以下几方面。

(一)挫折本能说

20世纪初,英国著名心理学家麦独孤提出了挫折本能说。该理论认为,个体受到挫折而产生的种种行为,均源自于人的本能。一切行为都有一定的目的,而策动与维持这些行为的动力为人的本能。本能是一种与生俱来的、先天的心物倾向,并推动着人类实践活动的向前发展。另外,本能与冲动还伴随着情绪发生,每一种本能都对应着某种情绪。人在活动中遭受到挫折而产生的情绪以及由此而引发的各种挫折行为反应,源于人的本能冲动。

需要注意的是,麦独孤挫折的本能学说虽然见识独到,但他忽略了从社会的角度去分析挫折的产生,从而犯了主观主义的错误。另外,麦独孤将人的复杂行为归因于人的本能,具有简单化、片面化的倾向。

(二)挫折的认知理论

美国的临床心理学家艾利斯提出,个体遭受挫折后,产生挫折感的可能和程度与个体对挫折的认识、评价有关。艾利斯认为人既理性,又非理性。人们的心理困扰、挫折的产生大都来自于不合理、非理性的信念。不合理信念的存在,容易导致挫折感的产生。作为大学生,应该学会提高自身的认知水平,降低挫折感。

(三)精神分析学派的挫折理论

精神分析学派的相关理论指出,人类的行为遵循着快乐原则,人存在着自身生命的延续和种族的繁衍这两种生物需求。而要完成这两项需求靠的是性本能。如果人的心理性欲受到压抑,就会产生挫折,进而导致一些精神疾病的发生。当然,由于社会现实的制约,人不可能无节制地去追求快乐,从而表现出一定的克制。精神分析学派的创始人弗洛伊德把人的攻击行为归结为人的死亡本能,即人一出生就有一股潜在的、破坏性的力量。在一般情况下,人的本我、自我和超我是处于平衡状态中的,当受到挫折后,这种平衡就会被打破,从而导致精神疾病。但是,弗洛伊德的学生荣格提出,性力是一种普遍的生命力,每个人的人格总是不断地向前发展的,当一个人的自我实现得不到满足时,就产生了挫折。

(四)"挫折—倒退"理论

20 世纪 40 年代,巴克等人在大量实验研究的基础上提出了"挫折—倒退"理论:挫折会引起机体行为的退化。比如,有些大学生遭受挫折的打击后,会出现儿童的行为模式,处理事情、看待事物幼稚化、简单化等。另外,挫折反应也会干扰目前的行为,使动机的方向改变,从而使行为得到改变或抑制行为的发生。

(五)"挫折—奋进"理论

20 世纪 50 年代,美国心理学家阿姆塞尔于以动物与儿童的行为作为对象进行了大量研究,提出了"挫折—奋进"理论:个体遭遇挫折后,可能会出现奋发上进的现象,从而产生了一种克服挫折、达到目标、实现价值的动力,增强对抗挫折的能力。

(六)"挫折—侵犯"理论

英国耶鲁大学社会心理学家多拉德在《挫折与侵犯》一书中首次提出了"挫折—侵犯"假说,认为"侵犯永远是挫折的一种后果",即侵犯行为的发生是因为挫折的存在而导致的,挫折的存在必然导致侵犯。霍夫兰德和西尔斯对"挫折—侵犯"理论作了进一步研究。但是,"挫折—侵犯"理论的观点一经提出,立即遭到了许多人的强烈反对。1941 年,"挫折—侵犯"理论得到了部分修正,认为挫折的产生可以导致侵犯行为的发生,但也可以导致其他的一些非侵犯行为发生。1969年,伯科威茨对“挫折—侵犯”理论作了更进一步的修正。他主张应该将“挫折”和“被剥夺”两个概念区分开来。挫折并不会因为简单剥夺而产生,而是“相对剥夺”的产物,强调侵犯的情绪唤醒作用导致的挫折感等。

五、影响挫折承受力的因素

影响挫折承受力的因素有很多,概括来说主要有以下几种。

(一)生理条件

一个身体健康的人的挫折承受能力往往要比不健康的人的要强。神经系统类型属于强、均衡、灵活性的人比弱型的人耐受力高,身体强壮时比体弱多病时更有耐受力。比如,身体强壮者不怕偶尔的饥寒交迫,可以熬夜,也可以长时间工作而不感到疲劳,这是因为挫折会引起人的情绪及生理反应,给人的心理带来压力和紧张感,对体弱多病者会加剧身体的虚弱和病情。

(二)期望水平

期望水平是指期望自己的学习生活目标达到何种标准的心理需求。规定标准越高,期望水平就越高;规定标准越低,期望水平就越低。如两位同学参加某考试,甲发誓要考出优异成绩,而乙对考试能否及格都信心不足,结果两人均以一般成绩过关,乙因考试成功而感到欣喜,而甲却认为考试失败而感受到挫折。这就是二者不同抱负的表现。

(三)思想境界

有崇高理想和明确人生目标的人能更好地承受和应对挫折;缺乏理想和科学信念、对人生持消极看法的人,可能遇难而退、遇难而败甚至遇难而死。健康的人生观是挫折耐受力的核心。

（四）社会经验

挫折承受力是个体在后天生活过程中为适应环境而习得的能力之一，可经过学习和锻炼而得到提高。挫折经验多、体验深的人，在同逆境的搏斗中锻炼了自己应对逆境、战胜困难、摆脱困境的能力。

（五）挫折准备

事先有所预见，做好挫折的心理和行为准备，将挫折出现视为正常的人，比无挫折准备的人更能经受挫折。在挫折面前措手不及、惊慌失措，往往是因为缺乏准备。

（六）社会支持

社会支持指个体在经受挫折时得到亲戚关系、朋友关系、同学关系、同事关系、师生关系等方面的关怀、爱护、帮助和指导。较好的支持会使个体低估挫折情境的伤害性，降低挫折感受度，并获得解决问题的策略，从而减轻不良影响。同样的挫折情境获得社会支持多的人比获得支持少的人心理承受力更大，所以社会支持是承受挫折有效又有力的武器。

第二节　实际情况：大学生受挫后的情绪反应

当大学生受到挫折之后，个体的情绪反应表现形式很多，主要有以下几种。

一、焦虑

受到挫折后，多数人容易产生焦虑的情绪状态。人在受到挫折后，情感反应是非常复杂的，如自尊、自信受到打击，强烈的失败感和愧疚感等,形成一种紧张、不安等感受所交织成的复杂心情,从而产生了焦虑情绪。适度焦虑对提高效率、激发潜能有一定的积极作用。但是过度焦虑对己、对他人、对社会都可能产生一定的危害。

二、苦闷压抑

有些大学生在遇到挫折之后,把不被意识所接受的,使人感到困扰或痛苦的一切体验在不知不觉中抑制到潜意识中,并主动遗忘。压抑不能从根本上解决问题,被压抑的痛苦经历并没有消失,而是在潜意识中不自觉地对人们的心理和行为产生影响,一旦出现相近的情境,这些压抑的情绪就会爆发,从而给大学生带来更多的伤害。

三、冷漠孤僻

挫折产生后,有的大学生会产生冷漠孤僻的情绪,冷漠这一消极心理反应显得更为复杂、隐蔽,其表现为受挫后对挫折情境漠不关心、无动于衷,没有明显的情绪反应,实际上则是把愤怒和痛苦暂时深埋心底压抑自己。这种现象表面冷漠退让,内心十分痛苦,对大学生的身心健康极为不利。

四、退化

在遭受挫折后,有些人会出现与自身年龄、身份很不相称的幼稚行为,如像孩子那样号啕大哭,蒙头大睡等,这就是所谓的退化。退化是一种由成熟向幼稚倒退的反常现象,实际上属于一种防御应对。因为当人们遇到挫折后,仍然以成人的方式来面对,就会产生心理上的紧张、焦虑和不安。为了避免出现这种情况,受挫者往往改变正常行为方式,而恢复早期幼儿的方式加以应对，以减轻心中的痛苦或者释放心中的压力。

五、偏执

有些人遭受挫折后，对于别人的批评或劝导置之不理，一意孤行，固执己见，盲目重复导致其挫折的无效行为。这一行为往往导致个体失去改变困境的机会，从而让自身在挫折中越陷越深。

需要注意的是，偏执不同于意志坚强或习惯。人们会去改变不能满足需要的行为习惯；意志坚强的人知道某种行为达不到目标，也会改变自己的策略。固执是一种不明智的消极对抗行为，是一种非理智的、具有盲目性的反应。

六、攻击行为

个体遭受挫折后，很容易产生愤怒情绪，为了宣泄这一情绪，常常做出一些攻击性行为。这些攻击行为主要表现为以下两种。

（一）直接攻击

受挫折后，那些缺乏生活经验、头脑比较简单、易冲动、鲁莽的人容易直接将自己愤怒的情绪导向造成其挫折的人或物，并通过动作、表情、语言、文字等形式表达出来，如讥讽、谩骂、殴打及损坏物品等。由于缺乏理智，往往不考虑后果，因而常常引起较为严重的后果。

（二）转向攻击

由于种种原因，有些遭受挫折的人会把攻击转向自己或其他无关的人和物，而不是直接对自己造成挫折的对象。转向攻击行为会造成较为严重的后果，一般自信心比较差，情绪比较悲观压抑，力量较弱或比较自我克制的人，比较倾向于进行转向攻击。

七、轻生

当受挫者面对巨大的挫折或者挫折大大超出了自身承受能力,而且将受挫的原因归结为自己,对自己丧失信心,将自己作为迁怒的对象时,就可能会出现自杀倾向或行为。这是一种具有巨大危害性的消极情绪反应。

第三节　能力发展:大学生挫折的有效应对

一、大学生常见的挫折

大学生常见的挫折主要包括以下几种。

(一)家庭关系挫折

家庭是大学生学习、生活的经济支柱和精神支柱,大学生虽离家异地求学,但与家庭仍紧密相连。一方面,成长过程中家庭对大学生的影响持续伴随,如父母间的矛盾冲突以及行为反应等都会影响其子女日后的行为方式;另一方面,家庭的经济状况、重大变故、重大生活事件都会给学生造成极大的精神压力和难以承受的打击。

在当代社会中,来自下岗人员和农村贫困家庭的学生容易产生自卑心理,影响正常的人际交往。另外,亲人故去、罹患严重疾病,父母离异,生意失败、破产等也会严重影响大学生的生活,使他们背上沉重的心理负担。

(二)学习挫折

大学的学习与中学的学习有显著的不同,有的同学因为大学的学习目标、学习方式、学习内容、学习条件不适应而产生挫折心理。比如,大学新生上英语课,大学老师全英语授课,而且信息量大,有的学生听不懂,有的学生消化不良,许多学生因此而十分焦急,产生严重的挫败感。

(三)适应挫折

适应挫折往往发生在大一、大二的学生中。绝大多数大学生都是独生子女,生活自理能力较差。在进入大学之前,什么事情都是父母安排好,不用自己操心,如今一切全要自己上阵;第一次住集体宿舍,不知如何与人相处,很难适应他人;大学的校园环境、教学方式等都与过去有着较大的差异,确实需要比较强的适应力,才能驾驭大学的学习、生活。另外,过去的自己非常优秀,可现在到了大学,人才济济,已经习惯于做羊群里的骆驼,而今却是骆驼群的一只小羊,这种感觉实在令大学生们接受不了。大学带给大学生们巨大的冲击,很多大学生出现了这样那样的不适应,一些大学生甚至会出现适应不良综合征。

(四)恋爱挫折

大学生普遍对爱情充满憧憬和渴望,但因心理的不成熟,社会地位和经济条件等因素的限制,大学生遭受恋爱挫折的现象十分普遍。有的人因为缺乏生活经历,有的人恋爱动机不端,有的人择偶标准不现实,有的人受到家庭和社会舆论的压力等,或单恋、或失恋、或陷入爱情纠葛的痛苦之中。

对于大学生来说,恋爱关系不仅仅是一种人际关系,更重要的是大学生自我价值和自我认可的基础。失恋不仅仅是失去了感情的寄托,更重要的是自信心受到了打击,从而产生失败的消极情绪反应和自责、自弃等消极行为,影响正常的学习生活。

(五)病残挫折

健康的身体是人们从事学习、工作的基础,有的大学生由于体弱多病或身体有某种残疾,自卑感强烈。他们总担心别人瞧不起自己,同学间不经意的一个玩笑或行为都会深深刺伤他们的心灵。他们害怕受到歧视,于是自我封闭,不敢进行正常的人际交往,给学习生活造成了诸多困难,内心经受巨大的痛苦,久而久之对现实感到无能为力,失去了青年应有的朝气和活力。有的大学生自尊心受到极大伤害时,有可能出现心理危机,引发偏激行为,造成自身和他人的伤害。

二、大学生挫折的有效应对

不同的人,在同一情境中受到相等强度的挫折时会有不同的反应。这不仅因为个人经受挫折时的心理状态不同,对挫折的认知、态度、评价和理解不同,还在于他们应付挫折的行为、方法存在差异。具体来说,大学生应对挫折的方法和策略很多,主要包括以下几个方面。

(一)优化自身人格品质

大学生的挫折承受力与他们的人格特征有着一定的关联。那些脾气急躁的、心胸狭隘的、意志薄弱的或自我偏颇的人比较容易体验到挫折感。因此,大学生在平时的学习生活中要努力改变自卑、悲观、任性、退缩、狭隘、冷漠、偏执、孤僻等不良的人格特质,积极主动地培养自信、热情、乐观、自强、进取、宽容、豁达、开朗、灵活等良好的人格特质。大学生要提高自己的挫折承受力,培养自身良好的人格特质、意志品质、心理品质等。这些良好的人格特质有助于大学生克服困难,战胜挫折。

(二)合理归因

大学生在失败后常常会有不同的归因,概括来说有外归因和内归因两种类型。习惯于外归因的大学生,会过多地抱怨命运和生活的不公平,易产生愤怒与攻击,从而放弃努力;习惯于内归因的大学生会把失败的一切责任揽到自己的身上,易自怨、自责,丧失自信。这两种习惯性归因,不可能找出造成挫折的真实原因,无助于解决问题,只有科学合理的归因,才能采取积极措施,有效战胜挫折。具体来说,可以从以下几方面来进行科学合理的归因。

第一,要学会多方面收集关于事件的信息,了解困难的原因所在。

第二,要学会合理、正确的归因,避免归因的片面性,学会实事求是地承担责任,克服过分承担或完全推诿责任的倾向,避免过多自责带来的挫折感。

第三,要积极采取措施主动改变挫折情境因素,从而有效应对挫折。

(三)增强挫折认知水平

既然挫折是生活的组成部分,是不可避免的人生经历,大学生应该正确地认识挫折、战胜挫折,并把挫折作为成功的阶梯。心理研究表明,一个人越是能够获得与挫折事件相关的信息,就越能够有效地处理它。越是敢于面对挫折情境,就越能够有效地对付这种情境。要增强对挫折水平的认知应该做到以下几方面。

第一,认识到挫折的两重性,即挫折一方面对人有消极的影响,另一方面,挫折也能增强个体情绪反应的力量,增强个体的容忍力,提高个体对挫折的认识水平。

第二,学会对客观事物、挫折情境进行正确认识。人生的道路总是崎岖不平的,丰富多彩的,一次失败并不能够代表他的全部,成功的机会很多,只要自己努力,就会有一个崭新的未来。

(四)拥有积极乐观的心态

自我挫败感是一种消极的自我暗示,是指对事情还没有开始做,就有一种失败的预感,即抱着失败的担心和恐惧,似乎等待自己的只有失败,人为增加精神压力的心理困扰。自我挫败感的心理包袱往往削弱挫折承受力。积极乐观的人生态度才能增强克服困难的决心和信心，提高挫折承受力。

（五）善于调整自我的抱负水平

自我抱负水平是指人们在从事某种实际活动之前，对自己所要达到目标规定的标准。一个抱负水平较高的人，往往对自己的要求也高，因而其学习、工作的效率也就高；相反，一个抱负水平低的人，对自己的要求也就低，缺乏积极性、主动性，因而其学习、工作的效果也就较差。但是个人的自我抱负水平必须建立在对自己的实际能力正确认知的基础之上，如果一个人的自我抱负水平总是高于自己的实际能力，那么就很难达到预期的目标，很容易遭受挫折。因此，大学生必须学会根据自己的实际能力设定目标，调整自我的抱负水平。

（六）努力改变挫折情境

挫折情境是挫折产生的重要因素，一旦改变或消除挫折情境，挫折自然会随之发生改变，甚至不复存在。大学生要客观全面分析挫折情境，在条件允许下改变挫折情境。现实生活中，个人往往是难以改变环境的，但可以通过提高自身的能力，或者暂时离开挫折情境等改变自己来适应环境。

（七）投身实践活动

实践活动是提升个体挫折承受力的最好的途径和方法，大学生要积极主动地投入社会实践活动中去，不断去磨炼和经受考验，使自己变得更加成熟和坚强。

（八）建立和谐的人际关系

人际交往是人们为了交流思想和沟通感情，是彼此间相互作用的过程。人们在相互了解的过程中，形成稳定的、相互依赖的心理联系，满足人们的情感需要。心理学研究表明，一个人与他人一起处在挫折压力中时,可以降低消极情绪体验。因此,大学生在面对挫折时,除了积极改变自我之外,还应学会交往,与他人建立良好的人际关系,这些有助于增强挫折承受力和解决问题的能力,并对其压力的缓解也很大的帮助。

(九)构建成熟的心理防卫机制

心理防卫机制是挫折发生后人在内部心理活动中所具备的有意或无意地摆脱挫折造成的心理压力、减少精神痛苦、维护正常情绪、平衡心理的种种自我保护方式。心理防卫机制的意义有消极和积极之分。消极的意义在于使主体可能因压力的缓解而自足,或出现退缩甚至恐惧而导致心理疾病。积极的意义在于能够使主体在遭受困难与挫折后减轻或免除精神压力,恢复心理平衡,甚至激发主体的主观能动性,激励主体以顽强的毅力克服困难,战胜挫折。积极的防御机制表现为升华、补偿等。

(十)主动寻求社会支持

建立和谐的人际关系,建立由家人、朋友、同学、同事、网络、危机干预机构等共同构成的社会支持系统是培养和提高挫折应对能力的重要途径。大学生遇到挫折和困难时要大胆寻求帮助和支持。主动寻求帮助并不是表明个体无能,相反的,却是个体心理成熟的表现。人在应激状态下,思维力、解决问题的能力都会下降,而"当局者迷,旁观者清",他人往往能够提供信息、方法、策略等方面的支持和帮助,可以更全面客观地看清问题,解决问题,从而战胜挫折。

(十一)加强挫折心理训练

1.挫折原因反思

(1)训练目标

通过反思,分析造成挫折的原因,为今后避免类似挫折提供参考。

(2)训练时间

20 分钟。

(3)训练步骤

①组建小组,4～8 人为一组。

②请一名同学回忆自己所经历过的挫折。

首先,提出第一个问题:问题究竟出在哪里?先自己分析,然后全体成员共同讨论。

其次,提出第二个问题:是否一定会这么糟糕?先自己分析,然后全体成员共同讨论。

再次,提出第三个问题:对此,我能够有什么补救?先自己分析,然后全体成员共同讨论。

最后,重新分析和总结现在对所经历过挫折的认识。

③换其他同学重复以上步骤。

2. 挫折情绪体验与处理

(1)训练目标

体验挫折情绪,学会处理遇到挫折后出现的不良情绪。

(2)训练时间

20～30 分钟。

(3)训练步骤

①回忆自己所经历过的挫折,描述当时的情绪体验,并回忆当时是怎样处理这些情绪的,然后填写表 6-2。

表 6-2 挫折经历记录表

挫折经历	情绪体验	处理方式	自我评价

②为自己当时的情绪处理方法评定等级。

③给出许多处理挫折后不良情绪的方法，请大家来评定等级：找朋友倾诉；出门旅行；运动；一个人待着；喝酒、抽烟；读书；打骚扰电话骂人；害自己（绝食等）；整天无所事事，到处游荡；攻击和伤害周围的人，让他们感到莫名其妙；用音乐、舞蹈、书法等表达自己。

④开动脑筋，想出更多更好的处理不良情绪的方法。

第七章　实现自我价值:大学生职业能力的发展与引导

一般而言,一个人要顺利完成一项工作,必须具备一定的本领,这种本领就是职业能力。在人类历史上,许多卓越的成功者都具有不同于一般人的想象、观察、分析、判断等能力。不同的职业对能力有不同的要求,随着生产力水平的日益提高,各种职业都对人们提出了越来越高的能力要求。走向工作岗位,从事某种职业活动将伴随着每个大学生的大半生,拥有成功的事业才能使人生更加完美、更加精彩。因此,大学生职业能力就显得尤为重要,培养大学生的职业能力既关系到学生个体的发展,又直接涉及高校的生存和发展,更是高等教育改革和发展的内在要求,还与社会的繁荣稳定及和谐发展息息相关。本章就大学生职业能力的发展和引导问题进行探讨。

第一节　实际情况:我国大学毕业生的就业现状

就业是民生之本、安国之策,国家一直把高校毕业生就业摆在就业工作的首位。国家宏观经济有四大目标:经济增长(GDP)、充分就业(失业率)、物价稳定(CPI)和国际收支平衡(进出口增长率)。就业工作是其中重要的目标之一。随着我国社会经济的不断发展与完善,大学生的就业体系也发生了巨大的变化,由曾经的“统包统分”到后来的“双向选择”,再到如今的“择优录取”。此外,随着高等教育的迅猛发展和高等教育的普及化,大学毕业生数量急剧增长,大学生群体的就业面临着越来越大的挑战。

一、大学毕业生人数增速减缓，但基数庞大，就业形势日趋严峻

自 1999 年以来，中国普通高等学校招生数量逐年扩大。2001 年全国普通高等学校招生人数和在校生人数分别比 1998 年翻了一番多。2002 年，中国在读大学生已经占到同龄（18～22 岁）人口的 14％。2003 年全国 1000 多所普通高等学校共录取新生 212 多万人；2005 年全国高校毕业生达到 338 万人；到 2009 年高校毕业生更是达到了 611 万人。之后不断上升。从图 7-1 中可以看到，我国大学生人数基数庞大，从 2001 年的 114 万人到 2015 年的 749 万人，15 年间增长了 6.57 倍。按照有关统计，高校毕业生加上中等职业院校毕业生、城镇初高中毕业未继续升学毕业生、军队退役人员和城镇结转登记失业人员，每年我国新增需要就业人口 2500 万人左右。虽然大学生在这 2500 万人中属于高端优秀人才，但我国在世界经济分工中仍处于产业链的相对低端，在社会整体有效用人需求中，就业岗位以一线岗位为主，对高端人才的需求不能满足毕业生人数的增长。

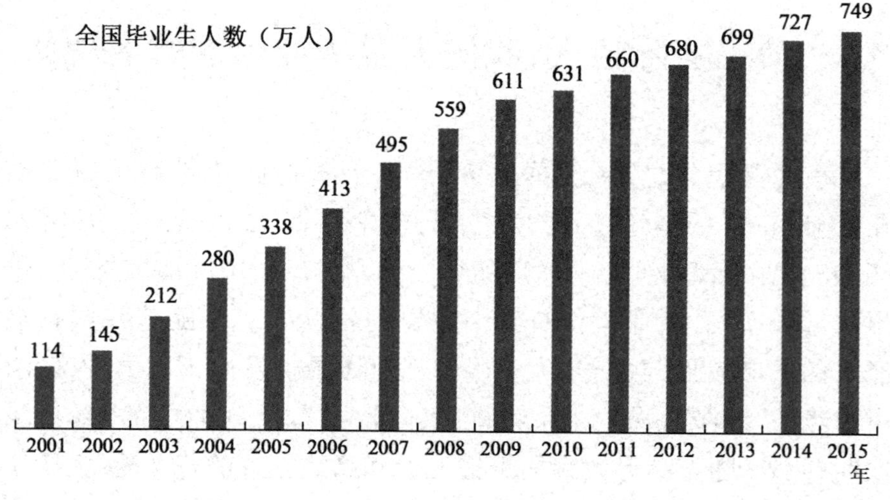

图 7-1　2001—2015 年全国高校毕业生数量一览表

2018 年比 2012 年多了 140 万应届毕业生,毕业生总人数高达 820 万人。从图 7-2 可以看出,全国高校毕业生人数增速呈波浪线态势发展,而基数一直处于上升态势。2019 年全国普通高校毕业生预计 834 万人,比 2018 年增加 14 万人,再创新高。

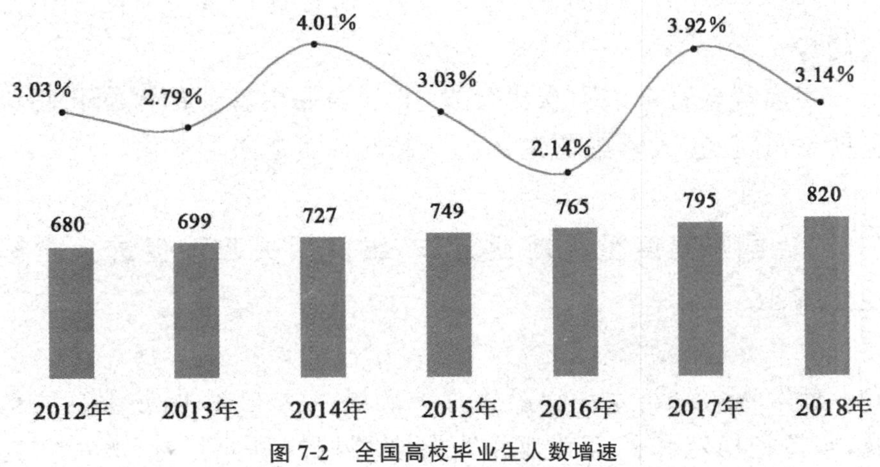

图 7-2 全国高校毕业生人数增速

高等学校的扩大招生,导致了中国高等教育从精英化阶段进入大众化阶段,一个直接的后果就是,具有高学历求职者的人数正在迅速地增长。

2018 年 6 月 11 日,麦可思研究院在京发布《2018 年中国大学生就业报告(就业蓝皮书)》(以下简称《报告》)。在 2017 届大学毕业生中,有 78.7%的人毕业半年后受雇全职或半职工作,2.9%的人自主创业,0.4%的人入伍;有 10.8%的人升学,其中 7.0%正在国内读研,1.1%正在港澳台及国外读研,2.7%正在读本科;有 7.2%的人处于失业状态,其中 1.4%准备国内外读研,3.4%准备继续寻找工作,还有 2.4%放弃了继续求职和求学。在 2017 届大学毕业生的未就业人群中,大多数毕业生还在继续找工作。本科院校处于未就业状态的毕业生(7.0%)中有 24%为“待定族”(不求学不求职),高职高专院校处于未就业状态的毕业生(7.5%)中有 43%为“待定族”。

从总体上看,一方面,目前大学毕业生还不能满足各行各业对各类高素质人员的需要；另一方面，由于在用人机制、供需结构、择业观念等方面存在问题，部分大学毕业生就业仍存在结构性困难。在全国就业形势不容乐观的背景下，中国大学毕业生就业所面临的压力依然巨大。在毕业生数量每年大幅度增长的同时，离校毕业生待业的现象开始出现，而且这个数量有逐年上升的趋势。

当高等教育进入大众化阶段，大学毕业生就业的大众化趋势也就不可避免，大学毕业生就业方式也必然走向大众化。

二、国家高度重视就业工作，出台相关政策促进大学毕业生就业

就业事关经济发展和民生改善大局。党中央、国务院高度重视，坚持把稳定和扩大就业作为宏观调控的重要目标，大力实施就业优先战略，积极深化行政审批制度和制度改革，推动大众创业、万众创新。实施更加积极的就业政策，把创业和就业结合起来，以创业创新带动就业。

（一）《“十三五”促进就业规划》

2017 年 1 月 26 日，《“十三五”促进就业规划》由国务院印发，自 2017 年 1 月 26 日起实施。《“十三五”促进就业规划》提出，继续把高校毕业生就业摆在就业工作首位，多方位拓宽就业领域。在产业结构调整中，着力支持科技含量高的智力密集型产业特别是战略性新兴产业、现代服务业以及各类新业态、新模式加快发展，开发更多适合高校毕业生的高质量就业岗位。

（1）把高校毕业生就业摆在就业工作首位，完善工资待遇，进一步向基层倾斜，健全高校毕业生到基层工作的服务保障机制，鼓励毕业生到乡镇特别是困难乡镇机关事业单位工作。

（2）结合政府购买服务工作的推进，在基层购买一批公共管理和社会服务岗位，优先用于吸纳高校毕业生就业。对小微企业

新招用毕业年度高校毕业生,给予社会保险补贴。落实完善见习补贴政策,将求职补贴调整为求职创业补贴,对象范围扩展到已获得国家助学贷款的毕业年度高校毕业生。

(3)深入实施大学生创业引领计划、离校未就业高校毕业生就业促进计划,整合发展高校毕业生就业创业基金,为高校毕业生就业创业提供支持。积极支持和鼓励高校毕业生投身现代农业建设。《教育部关于做好2019年全国普通高等学校毕业生就业创业工作的通知》指出,各地要配合有关部门深化制度改革,进一步完善落实税费减免、创业担保贷款、创业培训补贴等优惠政策。各高校要按照《普通高等学校学生管理规定》要求,进一步细化创新创业学分积累与转换、弹性学制管理、保留学籍休学创业、支持创新创业学生复学后转入相关专业学习等政策。各地各高校要加强大学科技园、创业孵化基地等创新创业平台建设,为大学生创新创业提供场地支持。各高校要积极推动各类研究基地、实验室、仪器设备等教学资源向创新创业学生开放。有条件的地区要积极推进设立高校毕业生就业创业基金,高校要通过政府支持、学校自设、校外合作、风险投资等方式多渠道筹措资金,支持大学生自主创业。

(4)加强对困难人员的就业援助。合理确定就业困难人员范围,规范认定程序,加强实名制动态管理和分类帮扶。对通过市场渠道确实难以实现就业的,可通过公益性岗位予以托底安置,并给予社会保险补贴及适当岗位补贴。

(二)大学生"服务西部"政策

大学生志愿服务西部计划从2003年开始,按照公开招募、自愿报名、组织选拔、集中派遣的方式,每年招募一定数量的普通高等学校应届毕业生,到西部贫困县的乡镇从事为期1～2年的教育、卫生、农技、扶贫,以及青年中心建设和管理等方面的志愿服务工作。志愿者服务期满后,鼓励其扎根基层,或者自主择业和流动就业。

参加大学生志愿服务西部计划的志愿者除享受国家规定的高校毕业生就业优惠政策外，还给予以下政策支持。

(1)服务期间，中央财政给予必要的生活补贴(含交通补贴和人身意外伤害、住院医疗保险)。

(2)服务期间，计算工龄，党团关系转至服务单位。服务期满落实工作单位后，公安机关按有关规定办理户口迁移手续。

(3)服务期间，可兼职或专职担任所在乡镇团委副书记、学校及其他服务单位的管理职务。

(4)服务期满考核合格的，报考研究生给予加分，在同等条件下优先录取，具体规定在当年的研究生招生政策中予以明确。

(5)服务期满考核合格报考党政机关公务员的，可适当加分，同等条件下，应优先录用，具体规定由省级公务员考试录用主管机关在当年招考中予以明确。

(6)服务期满，对志愿者做出鉴定，存入本人档案；考核合格的，颁发证书，作为志愿者服务经历和就业、创业的证明。

(7)服务单位应向志愿者提供住宿等必要的生活条件；在录用党政机关公务员和新增国有企事业单位专业技术人员、管理人员时优先招聘、录用志愿者。

(8)服务期为1年、服务期满考核合格的，授予中国青年志愿服务铜奖奖章。服务期为2年、服务期满考核合格的，授予中国青年志愿服务银奖奖章，表现优秀的授予中国青年志愿服务金奖奖章，表现特别优秀的推荐参加“中国青年五四奖章”“中国十大杰出青年”“中国十大杰出青年志愿者”“国际青少年消除贫困奖”等奖项的评选。

(三)大学生“三支一扶”政策

“三支一扶”，是指大学生在毕业后到农村基层从事支农、支教、支医和扶贫工作。工作时间一般为2年，工作期间给予一定的生活补贴。工作期满后，自主择业，择业期间享受一定的政策优惠。

(1)各级人事、教育、农业、卫生、扶贫等部门,要采取有效措施,充分挖掘就业岗位,制定鼓励政策,积极吸纳服务期满的“三支一扶”大学生进入本系统工作。机构在补充专业技术人员时,要安排一定比例的职位专门招聘这部分大学生。

(2)服务期满考核合格的“三支一扶”大学生报考公务员、硕士研究生、事业单位工作人员和自主创业的,享受各地相关规定的优惠政策。

(3)服务期满考核合格的“三支一扶”大学生,根据本人意愿可以回到原籍或到其他地区就业,凡落实了接收单位的,毕业生就业主管部门负责为其办理相关手续,就业后不再实行见习期。凡进入国有企事业单位的,由接收单位按照所任职务或岗位比照同等条件人员确定其工资福利待遇,其服务年限计算为工龄,在今后评定晋升专业技术职务时,同等条件下优先考虑。

(四)大学生“村官”政策

大学生村官工作主要目的是培养一大批社会主义新农村建设骨干人才、党政干部队伍后备人才、各行各业优秀人才。2014年5月30日,中央组织部召开全国大学生村官工作座谈会,进一步明确了大学生村官工作的定位:一是培养了解国情、熟悉基层、心贴群众、实践经验丰富的干部、人才;二是增强基层组织建设、促农村发展、让农民受益。相关待遇保障如下。

(1)新聘任大学生村官补贴标准比照本地乡镇新录用公务员试用期满后工资水平确定,并随之同步提高。在艰苦边远地区工作的,按规定发放艰苦边远地区津贴。

(2)大学生村官聘用期间,按照当地对事业单位的规定,参加相应社会保险,并办理重大疾病、人身意外伤害商业保险。

(3)符合国家学费补偿和助学贷款代偿政策规定、聘期考核合格的大学生村官,其学费和国家助学贷款由财政补偿和代偿。

(4)在村任职2年以上,具备选调生条件和资格的,经组织推荐,可参加选调生统一招考。

(5)聘用期满、考核称职的大学生村官,经县级组织、人力资源和社会保障部门同意,可参加面向大学生村官等基层服务人员的公务员定向招录。

(6)除实行职业资格准入和专业限制的岗位之外,县(市、区)、乡镇事业单位每年在公开招聘工作人员时,要拿出一定比例定向招聘服务期满、考核称职的大学生村官。

(7)聘用期满、考核称职的大学生村官,报考研究生享受增加分数等优惠政策,同等条件下优先录取。

(8)被党政机关或企事业单位正式录用(聘用)后,在村任职工作时间可计算工龄、社会保险缴费年限。

(9)到西部和艰苦地区农村任职的,户口可留在现户籍所在地。

(五)鼓励高校毕业生到中小微企业就业

对小型微型企业新招用毕业年度高校毕业生,签订 1 年以上劳动合同并按时足额缴纳社会保险费的,给予 1 年的社会保险补贴。科技型小型微型企业招用毕业年度高校毕业生达到一定比例的,可申请最高不超过 200 万元的小额担保贷款。组织开展岗前培训的,按规定给予培训费补贴。中小企业吸纳未就业毕业生可享受税收优惠政策,地方财政应优先考虑安排扶持中小微企业的发展资金,并优先提供技术改造贷款贴息,给予用人单位一次性岗位培训补贴。

(六)鼓励高校毕业生参与国家和地方的重大科研项目

按照《科技部、教育部、财政部、人力资源社会保障部、国家自然科学基金委员会关于鼓励科研项目单位吸纳和稳定高校毕业生就业的若干意见》(国科发财〔2009〕97 号)规定,由高校、科研机构和企业所承担的民用科技重大专项、973 计划、863 计划、科技支撑计划项目以及国家自然科学基金会的重大重点项目等,可以聘用高校毕业生作为研究助理或辅助人员参与研究工作。此外的其他项目,承担研究的单位也可聘用高校毕业生。

高校毕业生参与项目研究期间,其户口、档案可存放在项目单位所在地或入学前家庭所在地人才交流中心。聘用期满,根据工作需要可以续聘或到其他岗位就业,就业后工龄与参与项目研究期间工作时间合并计算,社会保险缴费年限连续计算。

(七)国家鼓励大学生应征入伍服义务兵役

大学生入伍享受优先报名应征、优先体检政审、优先审批定兵、优先安排使用政策以及体检绿色通道。凡应征入伍义务服兵役的高校毕业生,国家实行学费减免,代偿助学贷款。在选取士兵、升学、安排就业等方面优先考虑。

此外,国家还为高校毕业生提供就业见习、就业指导、就业服务及就业援助。为鼓励大学生创业还印发了《国务院关于进一步做好新形势下就业创业工作的意见》(国发〔2015〕23 号)、《国务院办公厅关于深化高等学校创新创业教育改革的实施意见》(国办发〔2015〕36 号)等文件,按照相关规定,高校毕业生自主创业优惠政策主要包括民办企业“三证合一”、注册企业场所可“一址多照”、税收优惠、创业担保贷款和贴息支持、免收有关行政事业性收费、免费创业服务、社会保险优惠、优先转移科技成果等。

三、人才供需结构不合理

当前社会上普遍存在着“高技能人才和一线普工两头难招”和“大学生就业难”两个现象,即主要表现在低素质劳动力大量过剩,专业技术人才严重短缺,其实质是就业的结构性矛盾。从就业区域看,毕业生主要集中在东部和沿海地区。改革开放后,随着我国东部地区的快速发展,发达城市以及较发达城市和一些发展相对比较缓慢的小城市、乡镇之间经济水平差距不断加大。2018 年 7 月,专业的校园招聘平台梧桐果根据网站自有数据以及20.8 万份毕业生就业问卷调查,发布了《2018 年中国毕业生就业报告》,报告中从2018届毕业生的就业去向、城市就业流向、各学历层次起薪、专业对口率等多方面深度分析2018届毕业生的就业状况。报告的数据显示,北京以12.25%的占比成为2018年毕业生最青睐的城市;上海和武汉分别以9.41%和5.06%的占比位列二、三名;深圳(4.58%)、南京(4.47%)、广州(4.38%)分别位列四、五、六名。由此可见,北京和上海依然成为毕业生的首选。北京和上海经济发达,是大企业的聚集地,就业机会多,具有更多的机遇和更广阔的发展空间,以及志趣相投的人脉圈,所以对大学生更具有吸引力。新一线城市在户籍、住房、创业支持等方面密集出台一系列"人才新政",也为毕业生就业迎来了新的选择。因此,毕业生在选择城市就业去向时首选一线、新一线城市。结构性矛盾产生的原因是高等教育不能很快地适应产业转型升级、结构调整、技术进步所引起的需求结构变化。

四、不同高校就业率不平衡,不同单位接收高校毕业生差距大

就业率是反映劳动力就业程度的指标,指在业人员占在业人员与待业人员之和的百分比。那么大学毕业生就业率就是指大学毕业生在业人员占在业人员与待业人员之和的百分比。澎湃新闻整理了37所"985"高校2017年的就业报告(未包括国防科技大学、中央民族大学)。该就业报告分析了"985"高校就业率分布,排名最前的是华南理工大学,以99.41%位居榜首,同济大学紧随其后,其次是北京航空航天大学和天津大学,以上这4所高校的就业率都是在99%以上的。而北京大学和清华大学的就业率分别是98.43%和98.40%,排名第十和第十一。师范类院校有2所位居其中,分别是北京师范大学和华东师范大学,它们的就业率分别是97.48%和95%。

为了准确地了解大学生的就业情况,北京大学教育学院自2003年开始,每隔两年进行一次大规模地毕业生就业统计,2017

年6月份进行了第八次大规模的就业调查。本次调查的样本主要涉及我国东部、中部和西部地区20个省份的33所高校,为了充分保证样本的代表性,选举了5所“985”工程大学,5所“211”工程大学,11所普通本科高校,9所高职高专,2所民办学院,1所独立学院。就业落实率方面,从地区的角度来看,东部和中部地区的就业率比较高,分别达到86.9%和87.3%,而西部地区的就业落实率较低,仅为77.6%。如果从大学的层次来看,高职大专类院校的就业落实率是最高的,达到了89.5%,其次是“985”高校、民办大学和“211”工程大学,而独立学院的就业率是最低的,落实率仅为75.7%。

可见,不同高校的就业率极为不平衡。

从用人单位来看,非公有制用人单位已成为接收高校毕业生的主体。而民营企业和个体户解决的本科和高职专科毕业生的人数比较高。就企业规模来讲,目前中小企业也开始成为吸纳高校毕业生的重要力量。

五、用人单位和大学生存在一定的非理性因素,无法做到人职匹配

我国就业状况普遍存在较大的地域差异,东部经济发达,总体比较稳定,而中西部经济相对落后。同时城乡、区域、行业间收入分配和社会保障存在差距。这些客观因素导致用人单位和大学生存在一定的非理性。由于求职者众多,很多用人单位提高了用人标准,对求职者的学历、性别、专业等提出要求,甚至有的用人单位对求职者的星座、生日都提出了要求,存在人才高消费和伤害求职者权益的现象。

同时,很多大学生主观意识上缺乏理性的自我认知,对就业形势缺乏理性判断,容易出现高估自己能力和定位偏颇的现象。很多大学生择业期望值偏离,希望能到收入高、待遇好的单位,或者只在经济发达地区的大城市就业,造成了“高不成,低不就”的

现象。很多大学生往往不愿承担艰苦的工作，瞧不起基层和中小企业，不愿到经济欠发达地区和基层去工作，缺乏艰苦创业、奉献事业的精神。

第二节　能力提升：大学生的就业能力及其培养

一、大学生就业能力的内涵

就业能力是直接反映高校办学效益、大学生竞争能力、社会市场对高校评价及其毕业生择取标准的评价参数。大学生就业能力直接影响社会对高校的评价及用人单位对毕业生的评价，折射出高校的办学效益。

（一）大学生就业能力的概念

就业能力是指大学毕业生在校期间通过知识的学习和综合素质的开发而获得的能够实现就业理想，满足社会需要，在社会生活中实现自身价值的本领。就业能力是一种综合能力，关于就业能力的结构因子，至今仍没有定论。美国劳工部提出了就业能力必备的五个方面：分配时间、制订目标和突出重点目标的能力，以及分配经费和准备预算的能力；确定所需要的数据并设法获得数据、处理和保存数据的能力；作为小组成员参与活动以及与他人交流的能力；了解社会、组织和技术系统是如何运行的，并懂得如何操纵它们的能力；选择技术及在工作中应用技术的能力。

就业能力有宏观层次和微观层次上的概念。宏观层次上，就业能力指学校培养的学生受人力市场的青睐程度，也是学校和培训机构长期生存的重要基础，最直观的表现就是学校的就业率水平。微观层次上的就业能力则是指毕业生所具备的包含基本知识、技能、身体素质和其他相关能力的总体。来自个体层面的微观层次上的就业能力综合反映了一个学校和培养机构的宏观层次上的就业能力。

(二)大学生就业能力的构成

就业能力是一种综合能力,具体包括哪些能力,至今仍无定论。这一领域的两项基础研究 ASTD(美国培训和开发协会)和 SCANS(美国达成必需技能秘书委员会)也没有达成一致。ASTD 定义了 16 项技能,分为五个类别:基本胜任力(阅读、写作、计算),沟通能力(说和听),适应能力(问题解决、创造性地思考),群体效果(人际技能、团队工作、协商能力),影响能力(理解组织文化、分享领导)。SCANS 共定义了 36 项能力,分为三个类别:基本技能、思考技能和个体特质。瑞士联邦大学 M.L 戈德斯密德教授所领导的研究小组在对大规模的大学生获得职业成功的调查研究的基础上,认为大学生顺利就业应具备五个要素:就业动机及良好的个体素质,人际关系技巧,丰富的科学知识,有效的工作方法,敏锐广阔的视野。国内学者大多认为大学生就业能力不单纯指某一项技能、能力,而是一种综合能力。学者代洪甫认为就业能力主要包括基本工作能力、专业能力和求职能力三个基本层次。学者彭时代认为大学生就业能力体系包括道德性、技能性、心理性、竞争性、实践性、发展性和应聘性七个方面的就业能力。朱新秤认为就业能力包括职业认同、专业知识与技能、社会资本、个人适应能力四个方面。也有研究提出,雇员在中小微企业所需就业能力包括对行业的了解、开发信息技能、正确行动能力、语言能力和听力/写作能力、保持个人标准的能力(身体健康、穿着得体等)、处理数字的能力、对问题做出反应的能力、持续学习能力、计划能力、在团队中工作的能力、使用设备的能力、阅读能力等。还有研究认为,就业能力的关键项目包括责任感、找工作和得到工作的技能、推理和问题解决能力、健康和安全习惯、个人特质等。

虽然国内外学者的研究,基于各国的经济发展的状况不同,对就业能力构成的侧重点有所不同,但基本的观点还是一致的,即认为就业能力是多种能力的集合,是一个综合的体系。这里结合大学生群体的特征,即接受高等教育、面临择业、即将走向社会的实际情况,认为大学生就业能力体系主要包括五个方面的核心内容。第一,基础性能力,主要包括适应环境、人际交往、团队协作、外语和计算机运用、普通话、承受挫折和情绪控制等方面的能力,还包括良好的思想道德、责任心等。第二,专业性能力,主要包括专业知识、职业岗位所需的特殊技能以及专业素养等。第三,实践性能力,主要包括理论知识应用、组织管理、任务理解和执行、项目策划等方面的能力。第四,求职能力。求职是自身实力、信心和综合素质的运用,良好的求职技巧可以帮助大学生顺利就业。求职能力包括就业信息收集与处理、择业定位、自我表达、自我推销、职业规划等方面的能力。第五,发展性能力,主要包括自主学习、创新创业、决策判断、把握机遇等方面的能力。

二、大学生就业能力的培养

就业能力不是与生俱来的,它需要通过后天的学习和实践逐步地培养和提高。在严峻的就业形势下,在校大学生应该充分利用大学阶段这个承前启后的关键时期,有意识地培养和提高自身的就业能力,使自己在未来的就业竞争中立于不败之地。对于学校而言,应转变培养目标与模式、调整专业设置、加强实践性教学以及加强大学生就业指导;对于政府而言,应加强就业政策的支持和引导、加强对高校办学的宏观指导、健全实习制度以及校企合作培养机制以及建立与完善大学生就业服务市场。对此,可从以下几点入手。

(一)从大学生的角度出发

1.做好个人的职业生涯规划,是提高就业能力的基础

对于许多毕业生来说,与其说是“就业困难”,不如说是“就业

迷茫”：无就业目标或不明确。对自己的大学生活缺乏科学合理的规划，往往成为大学生面对就业压力时手足无措的一个重要原因。因此，大学生应该意识到，大学生活是大学生职业生涯的第一站，对这一阶段进行科学合理的规划，对大学生的整个职业生涯发展起着至关重要的作用。大学期间，一是要树立正确的职业理想，二是要正确进行自我分析和职业定位，三是要构建合理的知识结构，四是要培养就业需要的能力。除了构建合理的知识结构，还需具备从事本行业岗位的基本能力和专业能力。只有将合理的知识结构和适用社会需要的各种能力统一起来，才能立于不败之地。个人的职业生涯规划将在后文进行较为详细的阐述。

2. 有意识地培养社会适应能力，是提高就业能力的关键

社会适应能力是指人为了在社会中更好地生存而进行的心理上、生理上以及行为上的各种适应性的改变，与社会达到和谐状态的一种执行适应能力。简单地说，社会适应能力是指在各种环境中驾驭自我的心理、生理的调节能力。“象牙塔”里面的大学生们与真实的社会接触的机会很少，环境的隔离使他们对社会的看法往往趋于简单化、片面化和理想化。由于缺乏工作经历和生活经验，大学生参加就业时由“学生”向“职业人”角色转变慢、适应的过程长。一些企业在招聘应届毕业生时，在同等条件下，往往优先录用那些曾经参加过社会实践、有过班干部或学生会干部经历的学生。

对社会和环境的适应应该是积极主动的，而不是消极的等待和却步。大学生只有具备较强的社会适应能力，走入社会后才能缩短自己的适应期，充分发挥自己的聪明才智。这就要求在校的大学生们，在校期间，在不影响正常学业的前提下，多与社会接触，利用打工、兼职、促销、生产实习等各种途径和渠道，主动地去培养和提高自身的社会适应能力。

3. 培养良好的心理素质，是提高就业能力的保证

当代大学生在求学期间，只注重对专业知识、专业技能的学

习,而忽视了对自身心理素质的培养,尤其是对自信心的培养。这样的情况下,使一些人在面对困惑或逆境时,表现出茫然、焦躁和畏惧,从而影响到自己的学习、生活和工作。尤其在求职过程中,有些学生一旦遭遇失败,便一蹶不振,甚至对面试都产生了恐惧心理,这也是大学生就业难的原因之一。

就大学生自身来讲,应从以下几个方面入手,努力培养自己的良好的心理素质。

(1)在掌握知识的基础上培养提高各方面能力。

(2)培养优良的非智力因素。

(3)维护和增强心理健康。

面对严峻的就业压力,学校要加强大学生的职业心理健康教育。大学生在求职过程中所产生的恐慌、焦虑等心理问题日益突出,对此学校既要开展团体职业心理咨询,也要根据学生个体差异开展个体心理辅导,使大学生保持健康的择业心态,从而提高就业能力。

4.掌握正确的求职方法和技巧,是提高就业能力的捷径

凡事都讲究方法和技巧,求职也不例外。职场犹如战场,隐含着一场场不见硝烟战火的打拼。“不打无准备之战”,每一位想赢得最后胜利的求职者,只有做好充分的求职准备,注意运用恰当的求职技巧,才能心想事成。正确的求职方法和技巧是就业能力的一个重要组成部分,更是帮助大学生顺利就业的可靠保证。在大学学习期间,在毕业寻找工作之前,大学生就应该掌握就业信息的收集、筛选的方法和原则、求职材料的撰写技巧等,并尽可能地寻找实践这些方法和技巧的机会,使自己在真正求职时胸有成竹。例如,大学生应该要熟悉常见的大学生就业心理偏差及调试方法,理解撰写求职信的禁忌,熟悉简历的形式和投送方式,掌握面试前的准备和面试过程中的注意事项,掌握笔试前的准备和笔试的技巧等。

(二)从高校的角度出发

关注高校毕业生就业能力的开发,成为当前一个十分紧迫的问题。作为人才培养机构的高校在提升毕业生就业能力方面具有不可推卸的责任。高校应高度重视用人单位对人才的需要和要求,培养大学生的就业能力,为大学生成功就业做准备。

(1)帮助大学生树立职业意识,制订和落实个人职业生涯发展规划。高校应建立与完善以职业规划和就业咨询为核心的就业指导机制,建立与完善政府、学校、企业积极参与提升大学生就业能力的“三位一体”培训机制,强化大学生就业能力培养,构建科学的课程体系。就业能力的培养应贯穿整个大学阶段,并渗透到专业教学中去。

(2)把大学生就业能力培养纳入高校培养目标,促进高校教育教学改革。高校作为大学毕业生的培养机构,对于大学生就业能力的培养具有不可推卸的责任。

(3)加强高校与用人单位之间的联系,共同开发大学生的就业能力。高校对大学生就业能力的提升和开发,只有满足社会和用人单位的需要,才有可能得到用人单位的认可,使大学生成功就业。要做到这一点,必须加强高校和用人单位之间的联系和合作,共同开发和培养大学生的就业能力。

(4)加强大学生就业指导课课程建设,提升就业能力。就业指导课是高校课程体系中的一门新课,其目的是使学生在正确的世界观、人生观和价值观的引导下,树立自己的人生目标,规划自己的职业生涯,养成良好的学习习惯,形成强烈的创新意识、熟练的实践技能和扎实的专业功底,为就业打下坚实的基础。加强大学就业指导课课程建设,必须以发展的理念,明确就业指导课的意义和特征;用系统的方法规范就业指导课的内容体系;以创新思维设计就业指导课课程建设的基本思路,从而从教学过程的视角,深层次地、理性地认识大学生就业指导工作的规律和实践模式。

(5)构建完善的高校就业服务体系。第一,在就业指导服务上必须强调全员化。在服务的对象上必须强调全员化。高校就业服务体系的构建,必须以“科学发展观”为指导,确立“以学生为本”的理念,应当是一切为了学生,为了一切学生。在就业服务的目标的确立上、在就业服务的内容和形式上应体现“以学生为本”,为全体毕业生服务。在就业指导服务的组织上必须强调全员化,要真正落实就业工作“一把手”工程,要成立由校长为组长,分管学生工作的党委副书记为副组长,各职能部门与院(系)的主要负责人为成员的毕业生就业工作领导小组。要构建“校院两级,以院为主”的毕业生就业服务工作体制。另外,要发挥校友的作用,利用校友的力量做好毕业生就业信息的收集、就业岗位的推荐,还要动员全校教职员工参与到毕业生就业工作中来,制定相应政策予以引导与鼓励。

在大学生就业服务课程体系的设置上必须强调全程化。大学生就业指导具有鲜明的全程性,应贯穿于学生大学生活的始终。教育内容要由浅入深,循序渐进,做到个性化、系统化、科学化、规范化。大学新生的“就业教育”,主要是引导学生融入大学,要适应大学新的环境,了解大学培养人才的目标和要求。大学中年级的就业指导,重点是教育学生根据自己的职业目标,积累自己的才干,要围绕自己的职业目标不断在知识方面、能力方面、素质方面完善,抢抓机遇,尽早成才。临近毕业的大学生,其就业教育主要是端正心态,立业报国,帮助他们正确认识社会发展需要和就业形势;介绍全国及地方就业形势和就业政策;完善信息沟通渠道,搜集发布就业信息,达到信息准确,渠道畅通;传授求职、应聘的策略技巧及应注意的问题。全程化的就业服务课程的设置要求高校教学管理部门应把就业服务指导课程纳入教学计划,并有计划地分阶段实施,做到整体性和阶段性结合,实用性和综合性相结合,并体现课程教学形式的多样性。

就业渠道拓展上必须强调多元化。一是积极引导毕业生面向基层就业,特别是要鼓励他们到城乡基层、中西部地区、非公有制企业和中小企业就业。二是探讨“订单式”培养模式,改革教学方法,更新教学内容,促进人才培养与就业市场紧密结合。“订单式”培养不仅可以为企业培养适销对路的人才,也可以拓展毕业生就业的新空间。三是加强就业基地建设,为毕业生进市场就业搭平台。

(三)从政府的角度出发

政府应积极制定促进大学生就业能力发展的政策。第一,应制定建立国家就业能力框架的政策。目前,世界上很多发达国家诸如美国、澳大利亚、加拿大和英国等,为了提高国民的就业能力,已经制定了完善的就业能力政策和就业能力国家框架。因此,我国应从政策层面,将包括大学生群体在内的就业能力纳入国策。第二,应从政策层面要求将大学生就业能力纳入高等教育课程体系。国外一些发达国家的国家就业能力框架已经取得实际效果,如英国政府要求将就业能力纳入职业教育课程,明确了大学毕业生的就业技能内容;澳大利亚政府将国家就业能力框架用在中小学阶段、职业教育和培训、高等教育阶段和成人教育中。因此,我国高等教育机构在课程设计中应涵盖就业能力内容,并通过政策指引,强化就业能力理念,切实提高大学生的就业能力。第三,政府应制定鼓励性政策。支持和鼓励用人单位和社会职业培训机构与高校合作培养大学生的就业能力,如向与高校实现大学生就业能力培养工作对接的用人单位和社会职业培训机构提供税收等政策支持,以此加快大学生就业能力培训的路径建设。

第三节 发展辅导:制订并实施职业规划

一、职业规划的概念

职业规划,又叫职业生涯设计,是指个人与组织相结合,在对个人职业生涯的主客观条件进行测定、分析、总结的基础上，对自己的兴趣、爱好、能力、特点进行综合分析与权衡，结合时代特点，根据自己的职业倾向，确定最佳的职业奋斗目标，并为实现这一目标做出行之有效的安排。

职业规划的目的绝不仅是帮助个人按照自己的资历条件找到一份合适的工作，实现个人目标，更重要的是帮助个人真正了解自己，为自己定下事业大计，筹划未来，拟定一生的发展方向，根据主客观条件设计出合理且可行的职业生涯发展方向。需要指出的是，对大学生来说，进行职业生涯规划并不意味着过早地把自己的人生用条条框框给限制住，而是去发现什么是自己真正想要的，树立适当的目标。这样，在实现目标的过程中，他们才能更有动力为了自己的目标解决遇到的困难。

职业生涯规划并不是一次性的，也并不是确定了目标则无法更改，而是要根据各种主客观条件进行评估和调整，甚至当职业目标受挫时要及时转换方向和路径。此外，职业生涯规划本身并不需要立刻确定自己的职业目标，甚至是一辈子的职业，职业生涯规划更多的是一个探索和发现自我的过程，只有在充分尝试、充分了解的基础上才能通盘考虑自己的职业目标和需求。

二、大学生职业规划的意义

大学生职业规划的意义可归结为以下几点。

（一）有利于明确人生奋斗目标

职业生涯规划或再规划，简而言之就是对人才和职业进行匹配的规划与再规划过程。职业生涯本身就是一个动态的不断发展的变化过程。职业规划不是应变之策，而是经营未来。有效的职业规划，有利于明确人生未来的奋斗目标。一个人的事业究竟应向哪个方向发展，可以通过制订职业生涯规划明确起来。只有明确的目标，才能激励人们去奋斗，并积极创造条件去实现目标。事实也证明,不少人由于对自己的职业生涯毫无计划,目标不明,从而造成事业失败,并不是他们没有足够的知识和才能,而主要原因在于他们没有设计适合他们成长与发展的职业生涯。

(二)有利于明确就业方向

在激烈的职业竞争中存在着巨大的个体差异,只有那些喜欢某些职业同时又具有较明显的竞争优势的人,才能在喜欢、擅长、有优势的职业中取得成功,得到快乐和满足,这是职业生涯规划的最基本原则——人职匹配原则。人职匹配理论是择业过程中比较实用的一种指导性理论,特别是对当代大学生来说,其择业的过程就是人才资源合理配置的过程,它可以帮助大学生做好个性化的职业生涯规划,深挖个体潜能,并且能培养大学生的正确择业心态,使其在五花八门的职业类型中作出合理的选择,促进其职业生涯发展。

(三)有利于增强就业竞争力

简单地说,大学生职业规划就是确定职业发展的大方向。它所能解决的问题是:我是什么样的人?我适合选择什么样的目标和道路?我有哪些优势?还需要弥补什么?以我的能力,我能达成什么样的目标?这其中,就职业规划而言,目标的选择和确定是最重要的;就大学生而言,就业的成功还与自身素质、能力、水平密切相关。因此,大学生作为一个处在职业生涯准备阶段的人,根据目标进行相关知识的学习、能力的训练、水平的提高是非常重要的。

(四)有利于缩短就业时间

俗话说,万事开头难,作为职业生涯规划的第一步,职业方向定位具有其无法忽视的重要意义,因为它是人们在今后的职业道路上前进的基本保证。从长远的职业发展与职业安全的角度来看，大学生事先花些时间与精力找到真正适合自己的职业方向，避免“入错行”的风险，是很值得的。

三、大学生职业规划的基本步骤

大学生职业规划是一个长期的连续过程，需要设计一套程序来保证它的顺利实施。一般认为，需要经过以下几个基本步骤。

（一）确定志向

俗话说：“志不立，天下无可成之事”。纵观古今中外，各行各业的佼佼者都有一个共同的特点，就是具有远大的志向。立志是人生的起跑点，反映着一个人的理想、胸怀、情趣和价值观，影响着一个人的奋斗目标及成就。所以，立志是进行生涯设计的关键。

（二）自我评估

自我评估就是对自己做全面分析，通过自我分析，认识自己、了解自己。因为只有认识了自己，才能对自己的职业作出正确的选择，才能选定适合自己的职业生涯路线，才能对自己的职业生涯目标作出最佳抉择。因此，自我评估是职业生涯设计的重要步骤之一。通常自我评估包括自己的兴趣、特长、性格、学识、技能、智商、情商以及管理、协调、活动能力等。

自我评估涵盖很多内容，在思考与职业相关的问题时，需要聚焦的问题是职业性格、职业兴趣、职业能力、职业价值观。

1. 职业性格

大学生的职业生涯规划中，最基础的工作就是要知己，即全面了解自己。自我了解的重要内容是了解自己的性格。性格与职业选择的关系非常密切。在选择职业的时候，要仔细分析自己的性格是否适合要从事的职业。性格在某种程度上也可以反映对工作、对职业的态度,直接影响职业的选择和职业成就感。人的性格千差万别,或热情外向,或羞怯内向,或沉着冷静,或火爆急躁。心理学的研究表明,不同的职业有不同的性格要求,虽然每个人的性格都不能百分之百地适合某项职业,却可以根据自己的职业倾向来培养、发展相应的职业性格。对企业而言,每个员工的性格特征决定了其工作岗位和工作业绩;对个人而言,职业性格决定着自己的事业能否成功。心理学上有一些比较经典的性格测验,如卡特尔 16PF 从乐群性、冒险性、情绪稳定性、独立性等角度进行性格测试。不管采用哪种测试方法,你都可以参考相应的测评结果,找到合适的职业。

2. 职业兴趣

兴趣是人们力求认识、掌握某种事物,并经常参与该种活动的心理倾向,也是人们积极研究某种事物的认识倾向。职业兴趣是兴趣在职业选择活动中的表现,它体现了职业的多样性和复杂性,以及与从业人员个性的多样性和复杂性之间的相互影响。通过对职业兴趣的分类,可以将个体归属到不同的职业兴趣中,从而找到其适合的职业。

兴趣对大学生职业生涯规划的影响主要体现在三个方面。第一,兴趣影响职业选择。兴趣是最好的老师,是一种强大的精神力量,可以使人集中精力获得所喜欢职业的知识,启迪智慧,创造性地开展工作。第二,兴趣影响工作效率。哈佛商学院曾做过一个研究,发现长期工作中,兴趣是激励行为的重要动力。如果一个人对从事的工作有浓厚的兴趣,就能发挥自己全部才能的 80%~90%,而且工作效率较高,不易疲劳;而如果一个人从事不感兴趣的工作,则只能发挥全部才能的 20%~30%,而且容易感到疲劳。第三,兴趣影响职业稳定性和职业满意度。从事自己感兴趣的职业,工作满意度较高,由此对工作单位和工作职位的满意度较高,因而工作的稳定性也高。

职业兴趣测验是对职业指导有直接用途的工具之一。约翰·霍兰德于1959年提出了具有广泛社会影响的职业兴趣理论。他根据本人大量的职业咨询经验及职业类型理论编制了“霍兰德职业兴趣测试”。他认为根据个体对职业的兴趣,可以分为实用型、研究型、艺术型、社会型、企业型和事务型六种类型,如图7-3所示。他的理论现在广泛应用于职业兴趣测试中,对于个人升学、就业具有重要的指导作用,已成为众多职业咨询机构采用的重要工具之一。

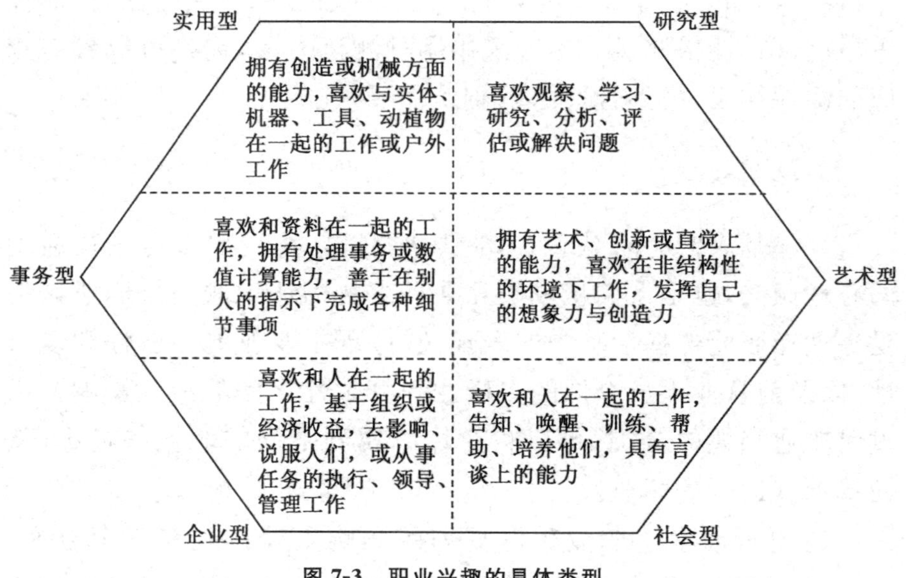

图7-3 职业兴趣的具体类型

3.职业能力

职业能力是人们从事其职业的多种能力的综合。我们工作中的自信心和安全感,基本来自我们所掌握的技能。但是,知道某种职业能力并不代表拥有这种能力,拥有这种能力也不代表一定会把工作做好。在工作中,每个人的职业能力特点是不同的。例如,有的人不善于表达,但善于解决实际问题;有的人口齿伶俐,但文字表达不尽如人意。当然,每种职业所需要的能力也是不同的,很多职业需要从业者具有多种职业能力。

职业能力主要包含三个基本要素:一是为了胜任某种具体职

业而必须具备的能力,表现为任职资格;二是进入职场以后表现出的职业素质;三是开始职业生涯之后具备的职业生涯管理能力。如果说职业兴趣决定了一个人的择业方向以及在该方面想付出努力的程度,那么职业能力则能说明一个人在既定的职业方面是否能够胜任,也能说明一个人在该职业中取得成功的可能性。

4.职业价值观

职业价值观通常是指人生目标和人生态度在职业选择方面的具体表现,也就是一个人对职业的认识和态度,以及他对职业目标的追求和向往。每个人都有自己独特的职业价值观和价值体系。人的价值观一旦形成,便会相对稳定,但当个体和外界环境发生较大变化时,职业价值观也会发生相应的改变。职业价值观还具有阶段性,当自身的需求得到满足后,个体就会产生更高层次的需求,因而职业价值观也具有阶段性。当然,每个人并不是只有一种职业价值观,一个人的职业价值观是一个完整的体系,包含多个职业价值观。例如,择业时,一个人可能既看重工作的稳定性,又希望有高收入,因而常常感到苦恼。

由于每个人身心条件、年龄阅历、教育状况、家庭影响、兴趣爱好等方面的不同,对各种职业也有着不同的主观评价。每种职业都有各自的特性,不同的人对职业意义有不同的认识,对职业好坏有不同的评价和取向,这就是职业价值观的具体体现。

在职业生涯规划的过程中,对自己的职业价值观能有清晰而明确的认识,则在职业决策的时候也就更加明确。职业价值观反映出个体在工作中最看重什么,最想得到什么和最不在意什么。如果职业价值观与工作相吻合,那么工作中个人就会更加真心努力和奋斗,工作满意度也就越高;反之,当价值观不清晰时,个人可能会陷入迷茫、混乱的状态。

职业规划的自我评估,需要一定的方法和途径。具体如360°

评价法、专业测评和咨询、参加实践。360°评价法如图 7-4 所示。家人、朋友等与我们朝夕相处，有时会发现我们自己无法发现的"盲点"，他们的评价深刻地影响着我们，我们可以通过当面提问、电话、微信等方式咨询他们的意见。同时，也可以借助专业测评和咨询。许多书籍、网络和期刊中都会提供一些问卷，如霍兰德职业兴趣测试等。这些测试经过了大样本的测试，信度和效度都很好，可以为自我了解和探索提供一些线索。但是，这些测试结果只能作为一种参考求助于专业的心理咨询机构和职业咨询机构来更好地了解自己。此外，积极参与社团活动、学生自治组织、实习、参观、志愿服务等各种社会实践，拓宽自己的活动领域，在新的尝试中更加全面地了解自己。

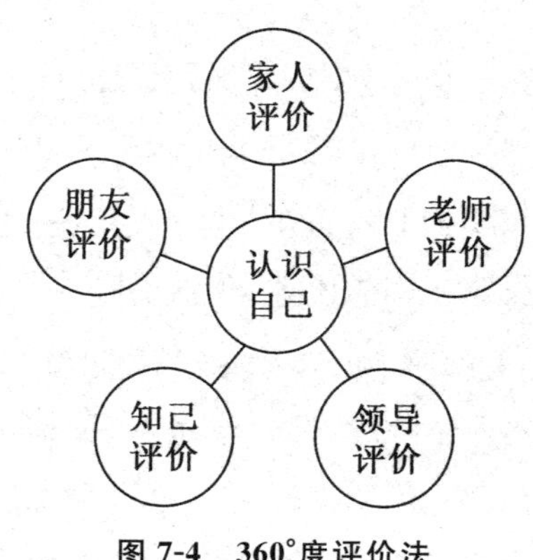

图 7-4　360°度评价法

（三）评估职业环境

知己还要知彼，大学生要想在未来的职业生涯中取得成功，就需要对职业环境进行全面分析，以便做出更好的选择。

1. 职业环境分析的主要内容

职业环境分析包括七个维度：社会环境分析、行业环境分析、企业环境分析、岗位环境分析、家庭环境分析、校园环境分析和就业环境分析。

从工作的角度来看，对一个好的行业期盼通常有几点。

(1)喜欢的工作内容。

(2)平衡的生活方式。

(3)接触所敬佩和仰慕的人群(包括内部的同事、行业的前辈和外部的客户)。

(4)自己所期望的社会地位和荣誉。

(5)理想的收入。

(6)能够实现最核心的理想和使命。

每个人都怀有对这六个方面的期望,但未必能同时满足。大学生进行职业生涯规划时,在追求这六个目标的同时也需要学会取舍。

2.职业环境分析的途径

在职业环境分析的过程中,一个最基本的工作就是要尽量多地获取关于职业环境的信息,获得的信息越多,质量越高,就越有助于大学生做出更加合适的职业选择和职业规划。收集职业环境信息是一个需要花费大量时间和精力的过程,在职业生涯规划的过程中起着至关重要的作用。网络、人物访谈和实践等方法都是进行职业环境分析的途径。实践出真知,要想真正了解一个职业,最好的办法就是亲自体会。网络、人物访谈等方法都是间接的收集资料,而对大学生而言,参加各种形式的社会实践、实习、兼职等则是最好的资料收集方法。

(四)生涯机会的评估

生涯机会的评估,主要分析内、外环境因素对自己生涯发展的影响,每一个人都处在一定的环境之中,离开了这个环境,便无法生存与成长。所以,在制订个人的职业规划时,要分析环境的特点、环境的发展情况、自己与环境的关系、自己在这个环境中的地位、环境对自己提出的要求及环境对自己有利与不利的条件等。只有对这些环境因素充分了解,才能做到在复杂的环境中趋利避害,使职业规划具有实际意义。

（五）确定职业生涯路线

在选择职业后，还须考虑向哪一条路线发展。是走行政管理路线，向行政方面发展，还是走专业技术路线，向业务方面发展等。发展路线不同，对自身要求也不同，这一点不能忽视。因为，即使同一职业，也有不同的岗位，有的人适合搞行政，可在管理方面大显身手；有的人适合搞研究，可在某一领域有所突破；有的人适合搞经营。如果一个人不具有管理才能，却选择了行政管理路线，这个人就很难成就事业。

（六）职业目标

职业目标的设定，其抉择是以自己的最佳才能、最优性格、最大兴趣、最有利的环境等条件为依据的。有无目标、目标明确与否关系到个体职业生涯能否顺利发展。

1.职业目标制订的原则

目标和路径的确定要建立在自我认识和职业认识的基础之上，同时，确定职业目标时，应当遵循“SMART”这五个原则。

S(specific)即具体化原则，是指当谈论目标的时候，一定要是具体的而不能是抽象模糊的。例如，“我要找份好工作”这只是愿景，不是具体的规划，所以不能具体执行；而“我的目标是成为年销售额××××元的销售员”，则是具体的目标。

M(measurable)即可量化原则，是指目标的制订一定要可衡量、可测量，有一定的评定标准。

A(achievable)即可达到原则，是指目标必须是可以实现和达到的。目标应像“跳一跳能够得着的桃子”，而不是虚无和无法实现的。

R(realistic)即现实性原则，是指目标必须与其他目标相关联，设定的职业生涯规划要和岗位的工作职责相关联，不能有太大偏离。

T(time—based)即时限性原则,是指目标必须具有明确的截止期限,规定在什么时间内达成。

2.职业目标决策的方法

(1)SWOT 分析法。SWOT 分析法由美国哈佛大学安德鲁斯教授提出,主要通过分析组织和个人内部的优势(strengths)与劣势(weakness),以及外部环境的机会(opport unities)与威胁(threats)制定未来发展策略。

SWOT 分析非常有利于检查个人技能、能力、职业、喜好和职业机会,如表 7-1 所示。利用 SWOT 分析法可以找出对自己有利的、值得发扬的因素,以及对自己不利的、要避开的东西,发现存在的问题,找出解决办法,并明确以后的发展方向。

表 7-1　SWOT 分析表

内部因素 / 外部因素	优势(学过什么、曾做过什么、最成功的是什么)	劣势(性格的弱点、经验的欠缺、最失败的事情)
机会(创造机会、寻找机会、等待机会)	发挥优势,抓住机遇	创造机会,弥补劣势
威胁(眼前风险、潜在风险、未来风险)	规避风险,等待机会	正视劣势,另辟蹊径

(2)生涯平衡单法。生涯平衡单也用来帮助决策者面对多种选择时,从具体的角度分析和评价各种可供选择的方案,进行利弊分析,以便决策者做出理性决策。当面对多种选择的时候,可以利用打分的方法,将每个选择的得失利弊用分数高低来表示,帮助我们做出选择。当然也需要考虑加权的项目,如哪个项目比较重要和迫切。

(七)行动计划与措施

在确定了生涯目标后,行动便成了关键环节。没有行动,就不能达成目标,也就谈不上事业的成功。这里所指的行动,是指落实目标的具体措施，主要包括工作、训练、教育轮岗等方面的措施。例如，为完成任务，在工作方面，计划采取什么措施来提高工作效率；在业务素质方面，计划如何提高你的业务能力等，都要有具体的计划与明确的措施。而且这些计划要特别具体，以便于定时检查。

（八）评估与回馈

俗话说："计划赶不上变化。"影响生涯设计的因素很多，有的变化是可以预测的，而有的变化则难以预测。在这种状况下，要使生涯规划行之有效，就需要不断地对生涯规划进行评估与修订。

1. 成效评估

成效评估应从执行效果与面临困难两方面进行。

(1)执行效果。在职业生涯规划实施一段时间后，要总结实施效果。总结的内容主要是本阶段是否按设计完成了任务，完成的情况怎么样，是否达到了预期目标，达到目标或未达到目标的主客观原因是什么？

(2)面临的困难。在规划的实施过程中，也会发现设计时没有考虑到的因素和执行后的困难。在成效评估阶段，要对这些困难作进一步分析，找出哪些困难是可以避免的，哪些困难是客观存在的，这些困难产生的原因是什么等。通过分析，可以对职业生涯设计进行基本的评价，以吸收合理之处，改进不足之处。

2. 整理反馈

成效的评估不是为评估而评估，其根本目的是通过评估获得反馈信息，以便修正和完善，提高职业生涯设计的实施效果。通过成效评估，我们可以得到设计的合理之处和不足之处这两方面的反馈信息。

3.修正完善

职业生涯规划并非一劳永逸的事,在计划执行过程中,要不断根据实际情况对原有设计进行修订与调整。计划修订的时机应考虑以下主要方面:第一,定期检测预定目标的实现进程。第二,阶段目标达成之时,要依据实际达成的状况修订未来的阶段目标可采用的策略。第三,客观环境改变足以影响到计划的执行时,要根据环境变化修订计划。修订的主要内容包括:生涯目标的修订、重新选择职业、重新考虑后调整生涯途径、执行计划与措施的变更或者修正。

调查显示,职业类院校学生在规划职业生涯的过程中,从自我认识、环境评估、职业定位、计划执行和评估反馈等环节都暴露出一些问题,其中比较突出的是:认识不够客观;规划和实施有些脱离实际;带有理想化的倾向。

第四节 自我实现:创新创业

现阶段,大学生就业难已经成为一种普遍的社会现象,而鼓励大学生进行创业,“以创业促就业”则逐渐成为缓解就业压力,提高大学生核心竞争力的有效途径。在当代以互联网、大数据发展为代表的科技大发展条件下,国家提倡“大众创业,万众创新”。长期以来,在中国社会中创业和创新只是少数人从事的“高大上”事情,对于普通大众来说只能沿着前辈的生活轨道谋生。随着电子商务快速发展,淘宝网等平台凭借技术难度小、进入门槛低、初始资金需求量少等优势,帮助千百万普通民众实现创业梦想,在中国城乡地区形成了极强的示范和带动效应。青年是创业创新的生力军,国家特别需要并大力支持青年创业创新。大学生是最具创造力的群体,也处在最有创造力的年龄段。响应时代呼唤和国家号召,不负这个时代赋予当代年轻人的机遇和责任,勇于创新创业成才，就成为当代年轻人职业规划的重要选项。

一、创新与创业

（一）创新

当今社会，我国迎来了一个全民创新的新时代。创新是一个国家和民族进步、发展的动力和源泉。一个国家想要走在时代前列，就一刻也不能停止创新。

创新一词，起源于拉丁语，原意有三层含义：一是更新；二是创造新的东西；三是改变。1912 年美籍奥地利经济学家 J. A. 熊彼特在其出版的《经济发展理论》一书中首次提出了创新的概念。熊彼特认为，创新是指把一种新的生产要素和生产条件的"新结合"引入生产体系，这种新组合能够使原来的成本曲线不断更新，由此会产生超额利润或潜在的超额利润。

如今，人们经常谈及的创新，简单来说就是"创造和发现新东西"。通常有狭义创新和广义创新两种类型。狭义创新就是指现实生活中一切有创造意义的研究和发明，包括以不同以往任何形式的发明，创造出过去没有的事物，而且必须是有应用价值，具有推动社会进步意义的。广义创新是人们为了发展的需要，运用已知的信息，不断突破常规，发现或产生某种新颖、独特的有社会价值或个人价值的新事情、新思想的任何活动。广义创新的最终目的在于进行狭义创新。

（二）创业

在中国，"创业"一词最早出现在《孟子·梁惠王下》："君子创业垂统，为可继也。"创业垂统就是创建功业，传给子孙。故《辞海》将创业解释为"开创基业"。在国外文献中，"创业"一词源于英文"entrepreneur"，是"企业家""创业者"的意思。国外对"创业"最初所形成的概念不是"创业活动"，而是"企业"，特别是与

“企业”这一组织密切相关的“企业家”。

创业有广义和狭义之分。广义的创业,是指所有创造新事业的过程。狭义的创业,是指主体以创造价值和就业机会为目的,通过组建一定的企业组织形式,为社会提供产品服务的经济活动。本书认为,创业是一个发现和捕抓机会并由此创造出新颖的产品、服务或实现其潜在价值的过程。大学生创业即大学生个体或组成的团队运用所学习的知识、技能,发挥才华、能力,通过努力创新,寻求机会,开创事业,创造价值的过程。

创业是经济发展的原动力,是社会就业的扩容器,是科技创新的加速器。知识经济时代,创业正在全球催生一种新的经济形态,通过创新创业,推动产业结构升级和市场繁荣发展。

二、大学生创新创业的背景

随着我国高等院校的不断扩招,毕业生人数呈逐年上升趋势,而社会所能为大学毕业生提供的就业岗位相对短缺,大学生就业难问题日益凸显。如何有效改善大学生就业环境、提高大学生就业率,已经成为目前政府、高校以及社会亟待解决的问题。大学生是最具有创造力的群体,培养大学生的创新创业能力不仅能够增加大学生自身的就业机会,还能够为社会提供更多的就业岗位,因此培养大学生的创新创业能力,以创业带动就业,对于缓解大学生的就业压力、建设创新型国家具有积极作用。国家大力发展大学生创新创业的背景因素可以概括为如下几方面。

(一)经济结构调整转型升级的需要

2016 年的《政府工作报告》中将“大众创业、万众创新”提升到中国经济转型和保增长的“双引擎”之一的高度,显示出政府对创新创业工作的高度重视。当前,我国正处于“三期叠加”时期,即经济增长的换挡期、经济结构调整的阵痛期、前期刺激政策的消化期,面对制造业“去产能化”、房地产“去泡沫化”、金融体系“去杠杆化”、环境“去污染化”带来的经济增速放缓，要推动产业链和价值链从低端转向中高端，保持经济持续稳定增长，必须通过大众创业、万众创新，建立以市场需求为导向的创新创业生态，充分激发和释放新的消费潜力，唤醒社会资本投向新技术、新产品、新业态和新商业模式，加速中国经济结构转型升级。

（二）“互联网＋”时代的来临

“互联网＋”概念的内涵是传统行业与互联网的融合与重构，几乎所有的传统行业都随着互联网的进入而发生着质的改变。由于传统行业与互联网的结合实现了结构调整与迁移，带来了资金流、信息流、物流的整合，形成了新的平台，产生了新的应用模式，带来了产业与服务的转型升级，加速了一二三产业的融合与发展。“互联网＋”模式的提出给各个行业带来创新与发展的巨大机会，这也蕴含着更大的创新创业空间，带来了更多的升级换代和颠覆性改变的可能。在“互联网＋”这样一种发散式思维模式的普遍影响下，创新创业理念能够更加充分地体现，也使大学生创新创业有了更加广阔的发展空间。

（三）缓解就业压力的需要

随着我国高等教育由“精英式”教育向“大众化”教育的转变，大学毕业生的人数逐年增加，高校大学生就业率低、就业难的问题日益凸显，已然成为社会关注的焦点与重点。面对这样的环境，无论政府还是高校都已经意识到了大学生创业意识培养的重要性，大学生创业将会是一条新的有效就业之路。在未来的就业过程中，大学生自主创业将会得到政府进一步的支持和深层次的发展。同时，面对严峻的就业压力与形势，要求高校在人才培养模式的改革以及促进大学生创新创业教育上要有一个全新的思考和转变。作为高等教育的前沿阵地，高校应该顺应时代发展需要，加大力度培养大学生的创新创业意识，使学生的思想由被动就业向自主创业转变，以有效缓解当前严峻的就业压力，促进社会和经济的和谐稳定发展。

(四)大学生是创新创业的主力军

大学生拥有较高的知识文化素质,是创新创业的主力军。2015 年 5 月份,国务院办公厅颁布了《关于深化高等学校创新创业教育改革的实施意见》,明确要求地方和高校要树立先进的创新创业教育理念,加强创新创业教育,增强学生创新精神和创新创业能力。推进大众创业、万众创新是实施创新驱动发展战略的重要举措,也是当前增强经济发展新动能的重要引擎。青年大学生们处于创新创业周期的活跃期,精力充沛、思维活跃,知识和技能水平较高,理应成为创新创业的主力军。

三、新时期大学生创新创业能力的培养

新时期大学生创新创业能力的培养,可从以下几点入手。

(一)设立大学生创新创业专项基金,建立健全激励机制

目前,有的高校为激励和鼓励大学生创业,专门设立了"大学生创新创业专项奖学金",奖励在创业创新方面有突出贡献的学生和老师。以辽宁省为例,辽宁省、市建立了"高校毕业生创业资金",通过财政和社会两条渠道筹集,用于为高校毕业生自主创业提供支持。其中,省、市财政筹集的资金统一纳入到省、市政府出资的担保体系,用于为高校毕业生自主创业、兴办企业申请小额贷款提供担保;对高校毕业生到基层自主创办企业的,其研究与开发的科技项目优先给予费用支持。社会筹集资金用于为自主创业的高校毕业生提供奖励性资助和投资性资助;在全省高校进一步加强创业教育,为创业教育、培训、宣传等工作提供资金支持;建立创业项目信息库,举办创业设计大赛(展览),支持创业协会等工作;表彰创业教育和工作先进学校以及支持大学生创业教育工作表现突出的市地及有关部门,表彰近年来涌现出来的具有

典型示范意义的大学生创业带头人;成立大学生创业研究和指导机构,为该机构提供部分科研经费等。除了辽宁,北京、上海、重庆、广州、杭州等城市以及山东、河南、安徽等省份也都分别设立了大学生创业基金,为大学生创业提供资金支持。有的学校对创业较好或参加全国创业大赛并取得优异成绩的学生和指导教师,给予一定的精神和物质奖励。这些做法都在不断地完善大学生创新创业的激励机制,从另外的层面也是在积极营造创新型校园文化,通过创新文化潜移默化地影响学生,并逐步内化为学生的素质,增强学生的求知欲望,开阔学生视野,提高学生的创新能力,激发学生的创新思维。

(二)构建创新创业教育课程体系,激发师生创新创业兴趣

(1)增设有关创新创业教育的课程,丰富学生创新创业理论知识。改革传统的教学模式,增设创业教育课程,采用创业案例进行教学,展示成功创业者的创业精神、创业方法、创业过程和规律。可以定期举办“创业企业家交流论坛”“与企业面对面”等活动,请创业成功人士与学生进行面对面的沟通,帮助学生分析创业成功与失败的原因,为学生提供理论指导。山东省各高校大都开设了形式多样的创业教育课程,在有些学校,创业教育课程已经由选修课成为必修课。山东大学将原来的“就业指导课”改为“大学生就业与创业指导”,并积极申请将此课程改为必修课。在让学生掌握基础知识与基本技能的基础上,学校开设了“创业学”“知识产权”“创业管理与实践”等通选课,活跃了学生的创新思维,激发了学生的创业意识。山东建筑大学成立省内本科院校中首个创业学院,以创业学院为依托,2014 年开设了创业实验班,选拔有创业意愿的学生,利用晚上、周末、假期进行集中授课,系统讲授创业方面的知识,并对获得结业证书的学员提供创业园入驻、资金扶持、跟踪式指导等持续化服务。山东师范大学的创业教育课程设置了多项课堂模拟训练,包括成功或失败的创业案例分析、以话剧形式模拟企业运营等,都由学生自己组队完成。

在创新创业教育课程设计定位上，要注意创业课程与其他专业课程的融合，要用不断发展的视角设计课程，做到与国际接轨、与社会接轨、与发展同步，根据社会和市场改进课程设置和课程目标；在内容设计上，不仅要包含创业理论知识，还要包含激发学生创业、鼓励学生创业的内容，力求培育创业精神；在教育课程特色上，还要注重将高校自身学科专业特色融入其中，应注重与特色学科相结合开展针对性的创业教育。

(2)加强创新创业教育师资队伍建设，加强学生的创新创业能力。高校教师是学校的灵魂和主体，其知识水平、授课水平、实践经验等素质对教育的效果起着非常重要的作用，同时老师可以用自身的人格魅力感染学生、激励学生。所以，优秀的师资队伍是开展创业教育的基本保障。对此，可充分利用各种平台资源，如创业研讨会等平台开阔视野、提高水平。有条件的学校可以选派优秀创业指导教师去企业挂职锻炼，解决“有理论缺实践”的短板问题。另外，聘请有学术背景的企业家到学校担任客座教授或者兼职教授。还可以考虑邀请相关领域政府官员到学校宣传讲解创业扶持政策，帮助学生了解政策、用好政策，在最大程度上解除创业学生的后顾之忧。当然，这些做法是动态的，高校创业管理机构应该谋划探索形成长效机制。

(3)深化思想政治教育的内涵，增强学生创新意识和创业精神。建立全面的素质教育观念，深化思想政治教育内涵，注重学生创新素质的培养把创新创业教育贯穿于思想政治教育的始终，将学生创新素质的培养与其他方面的思想教育有机结合起来，将创新意识和创业精神的培养作为高校创新创业教育的重点。

(三)加强校园创业文化建设，营造创新创业氛围

校园创业文化是以校园为主要空间、以师生为主体、以创业创新精神为主要内容、具有鲜明创业特质的校园文化。与一般校园文化不同，校园创业文化的理念导向更加明确，愿景目标激励更具有现实针对性。良好的校园创业文化是创业型人才培养不

可或缺的土壤和条件。通过创业价值取向导向、创业行为日常导向、创业规章制度导向以及校园浓郁的创业氛围，可以引导学生确立自主创业意识，培养自主创业兴趣，产生创业的需要和动机。因此，缔造良好的校园创业文化是促使创业教育蓬勃发展的精神动力和文化基础。校园创业文化建设不仅有利于学生创业意识的养成，而且有利于创业团队精神的培养。对此，可从以下几点入手。

(1)充分发挥大学生科技社团的作用，营造创新创业文化氛围。通过大学生科技社团，开展丰富多彩的课外科技实践活动，开阔学生视野，激发学生的积极性，培养学生创新创业素质，形成创新创业的文化良好氛围，在培养过程中，要做到普遍性与重点培养相结合，发现、培养一批骨干分子，发挥示范作用

(2)开展各种创新创业教育专题活动，拓展创新创业教育载体。在校园文化中开展各种创新创业教育专题活动，开展创新创业实践活动，如参观创业成功的企业，请创业成功者介绍创业的奋斗历程，鼓励在校大学生创业，大力营造创业光荣的氛围，带动更多的学生勇于创业。

(3)以校园科技文化活动为载体，以科技竞赛为依托，培育学生科技创新能力。依托校园各种科技竞赛，充分发挥“挑战杯”创业计划大赛、课外学术科技作品竞赛、大学生就业创业论坛、科技论坛等大学生创新创业课外活动，推动学生积极参与到创新创业的课外活动中来，培养学生的科技创新能力。

(四)搭建实习实训平台，提高学生创新创业实践能力

培养创新创业实践能力，为学生搭建实践训练平台。这里有三种途径，第一种是校企合作，联合创立实践训练基地；第二种是在高校建立“创业基金会”“创业协会”等组织机构，为学生提供创业实战演习场所；第三种是通过勤工助学岗位，帮助学生体验创业。以上三种途径都是在为学生参与创新创业搭建起一个发展的平台，通过走产学研相结合的道路，高校与企业联姻，企业走进

高校,共同探讨人才培养的新模式,从而不断提升学生创新与创业能力。西安电子科技大学是产学结合的典范,该校通过与研究所和企业合作,通过人才共培制、实习生制、校所校企联合建立实验室、共建科研平台等加强学校与行业企业的深度合作,为学生实验、实训、实习乃至就业打通了关键的关节,同时增强了学生的工程实践科研能力和社会适应能力。学校与中国电子科技集团、中船科技集团、中国工程物理研究院、中国兵器科技集团、中国科学院、中国核工业集团、中国航空科技集团等 10 多个行业的 50 多个科研单位建立了长期的紧密合作关系。在校企合作方面,学校与中国移动、中国电信、中国联通、海信集团、华为公司、浪潮集团、中兴通讯、微软公司、IBM 公司、诺基亚等 100 多家企业建立合作关系。学校通过相关制度和政策鼓励学生暑期到合作企业实习,企业也欢迎学校学生到企业中参与实习工作。

提高学生的创新创业实践能力,除了进行校企合作,建立实训基地,还必须树立起由创业导向模式向培养具有企业家精神的管理人才模式转变的新理念。只有将第一课堂课程和第二课堂有机结合起来,从深层次不断唤醒、启发和挖掘大学生的创新创业潜能,通过职业生涯规划教育、团队训练、岗位见习、创业实践等实习活动,逐步培养出创业领军人物,才能在大学生中塑造创新创业理念,从而提升大学生创新创业的整体水平,从整体上提高学生的创业意识、创业精神和创业能力。

参考文献

[1]陈红英.新编大学生心理健康教程[M].武汉:武汉大学出版社,2014.

[2]陈建勋,李德建,楚国峰.高等学校本科教学质量评估与教学改革项目管理及本科专业优化设置指导手册[M].北京:中国教育出版社,2007.

[3]陈姗姗,吴华宇.大学生职业生涯规划与就业指导[M].重庆:重庆大学出版社,2014.

[4]储祖旺.高校学生事务管理教程[M].北京:科学出版社,2008.

[5]杜永红.大学生网络创新创业教育[M].北京:北京理工大学出版社有限责任公司,2016.

[6]方茁,叶庆华,王德保.高校毕业生就业问题研究:以中部地区为例[M].南昌:江西人民出版社,2016.

[7]傅真放,等.高等学校学生管理[M].南宁:广西人民出版社,2007.

[8]高蕾,贾少英.社会网络与90后大学生人际关系[M].北京:北京邮电大学出版社,2014.

[9]国家教委学生司.大学生管理基础知识[M].北京:北京师范学院出版社,1991.

[10]黄晓梅,崔楠.大学生就业能力培养研究[M].沈阳:辽宁教育出版社,2010.

[11]贾强,包有或.大学生就业创业指导[M].北京:中国医药科技出版社,2017.

[12]金汉杰.高校学生管理通论[M].合肥:安徽教育出版

社,1991.

[13]李宝山,罗新兰.大学生心理健康教育[M].重庆:重庆大学出版社,2017.

[14]李美华.心理学与生活[M].长沙:湖南师范大学出版社,2017.

[15]李鹏林.大学生职业生涯规划与就业指导[M].北京:中国农业大学出版社,2015.

[16]李熙.互联网+时代高校学生管理模式的转变及创新[M].长春:东北师范大学出版社,2016.

[17]李选芒,陈昊平.管理学基础[M].北京:北京理工大学出版社,2016.

[18]李亚茹.城市轨道交通职业素养与客运礼仪[M].北京:北京理工大学出版社,2017.

[19]李运楼,李尊华,周倩兰.就业指导与创业基础训练教程[M].北京:航空工业出版社,2015.

[20]李哲.大学生团课教程[M].天津:天津社会科学院出版社,2014.

[21]李正军.高校学生管理工作概论[M].石家庄:河北大学出版社,2002.

[22]李正军.高校学生管理工作概论[M].石家庄:河北大学出版社,2002.

[23]李中国,李树军.大学生心理健康教育与心理调适[M].北京:北京师范大学出版社,2016.

[24]林群,赵为.高校学生教育管理研究[M].沈阳:辽宁大学出版社,2007.

[25]林振涛.当代大学生就业价值取向问题研究[M].南昌:江西人民出版社,2015.

[26]刘芳,董华明,李听.大学生职业生涯与发展规划[M].西安:西北工业大学出版社,2015.

[27]刘和忠.大学生思想政治教育实效性问题研究[M].长

春:吉林人民出版社,2014.

[28]刘梅,刘静洋.大学生心理健康教育[M].2版.北京:清华大学出版社,2018.

[29]龙希利.大学生社团管理机制创新与实践探索[M].济南:山东人民出版社,2014.

[30]吕爽.大学生创新创业实务指导[M].北京:中国铁道出版社,2017.

[31]罗四维.大学生心理保健指导[M].北京:人民军医出版社,2013.

[32]马可心,等.大学生社团建设理论与实践研究[M].北京:经济管理出版社,2018.

[33]孟庆新.高校学生工作思考与实践[M].长春:东北大学出版社,2015.

[34]聂强,陈兴国,疏勤.大学生就业与创业教育[M].北京:北京理工大学出版社,2014.

[35]欧晓霞,罗杨.大学生心理健康[M].2版.北京:清华大学出版社,2017.

[36]邱观建.高级群团工作研究[M].成都:四川出版集团,2009.

[37]邱月玲,范守忠.职业规划与就业指导[M].北京:科学技术文献出版社,2015.

[38]石建勋.职业生涯规划与管理[M].2版.北京:清华大学出版社,2017.

[39]覃川,戚天雷.媒介化生存与大学生成长[M].北京:中国传媒大学出版社,2016.

[40]谭德礼.当代大学生思想特点及成长成才规律研究[M].北京:人民出版社,2012.

[41]谭维智,赵瑞情.学生社团生活:一种学习的新视野[M].济南:山东教育出版社,2013.

[42]谭艳芳,牛荣健.新形势下高职生职业生涯规划与就业

指导[M].成都:西南交通大学出版社,2015.

[43]田远芬,吴竞.校园之梦[M].武汉:华中师范大学出版社,2014.

[44]田中良,王冰洁.新生入学教育[M].北京:北京理工大学出版社,2016.

[45]王德胜.职业生涯发展与规划[M].北京:北京邮电大学出版社,2015.

[46]王武.青春印迹[M].北京:北京理工大学出版社,2015.

[47]王秀阁,等.大学生人际交往理论与方法[M].北京:人民出版社,2010.

[48]王瑛.高校学生管理创新模式研究[M].长春:吉林大学出版社,2016.

[49]王莹,于真真,张杰.山东省大学生创业及其保障机制研究[M].北京:中国言实出版社,2016.

[50]伍德勤.大学生社团活动的理论与实践[M].合肥:合肥工业大学出版社,2011.

[51]武传伟,张洁婷,朱小红.大学生心理健康教育与发展[M].北京:清华大学出版社,2018.

[52]肖淑梅,彭彤.高职大学生心理健康[M].北京:机械工业出版社,2016.

[53]肖兴政,等.大学人格教育[M].成都:西南交通大学出版社,2008.

[54]肖志伟,马卿.高校学生社团会员满意度测评研究[M].长沙:湘潭大学出版社,2014.

[55]谢虹,王向荣,余桂林.护理人际沟通与礼仪[M].武汉:华中科技大学出版社,2017.

[56]谢金凤,刘秋菊.大学生心理健康教育[M].北京:高等教育出版社,2018.

[57]谢翌,江渝川.大学计算机:计算思维与应用[M].重庆:重庆大学出版社,2017.

[58]许国彬，林绍雄. 当代大学生工作学[M]. 广州：广东高等教育出版社，2010.

[59]阎德才，崔万立. 大学生交际交友指南[M]. 郑州：大象出版社，2010.

[60]杨学峰. 大学生卫生与健康教程[M]. 2版. 长沙：中南大学出版社，2015.

[61]于雷，高洪海. 大学生职业生涯规划与发展[M]. 济南：山东人民出版社，2015.

[62]曾瑜，邱燕，王艳碧. 高校学生管理工作法治化研究[M]. 成都：西南交通大学出版社，2016.

[63]张朝霞，范力勇，刘京花. 网络文化对大学生的影响[M]. 石家庄：河北人民出版社，2014.

[64]张宏如. 当代大学生心理学[M]. 2版. 北京：首都经济贸易大学出版社，2014.

[65]张文海. 大学生职业发展与就业指导[M]. 北京：国家行政学院出版社，2015.

[66]张燚，等. 大学精神关怀下的学生精神成长研究[M]. 成都：西南交通大学出版社，2013.

[67]赵雪莲. 大学生心理健康教育实务[M]. 北京：清华大学出版社，2017.

[68]郑建敏，康小莉，云书海. 西柏坡精神与当代大学生[M]. 石家庄：河北人民出版社，2015.

[69]郑秀. 人际交往心理学[M]. 长春：吉林文史出版社，2016.

[70]周成军. 大学生思想政治教育与创新创业[M]. 北京：光明日报出版社，2016.

[71]周文华，吴红，阮筠. 大学生职业规划与就业指导[M]. 合肥：合肥工业出版社，2016.